Günther Effenberger

Kabarett ist überall

Humor in Wien und anderswo

Günther Effenberger

Kabarett ist überall

Humor in Wien
und anderswo

GEFCO

Besuchen Sie uns im Internet:
www.buch-effenberger.at

Günther Effenberger
Kabarett ist überall – Humor in Wien und anderswo

Aus der Reihe „G'schichten aus Wien"
Erscheint in der gefco Verlagsgesellschaft mbH, Wien
© 2017 Effenberger Medien & Event KG, Wien

Umschlag & grafische Gestaltung: B.A.C.K. Grafik & Multimedia GmbH, Wien
Druck: Christian Theiss GmbH, St. Stefan im Lavanttal
Auslieferung für Österreich: Mohr-Morawa, Wien
ISBN: 978-3-9503235-5-9
Alle Rechte vorbehalten
Kontakt: effenberger@buch-effenberger.at

Allgemeine Begriffe wie Wiener, Österreicher etc. werden in diesem Buch aus sprachästhetischen Gründen zumeist geschlechtsneutral geschrieben, es sind also sowohl Frauen als auch Männer gemeint.

Inhalt

Wien ist die Stadt der funktionierenden Legenden.
Böswillige behaupten, daß die Legenden
überhaupt das einzige seien, was in Wien
funktioniert, aber das geht entschieden zu weit.

Friedrich Torberg

Für Paula und Danny

Vorschuss

So ganz hatte ich mich von der Plage an meinen beiden Büchern, der »*autofahrenden Tante Jolesch*« und der »*Mami im Menschengeschäft*«, noch nicht erholt gehabt, als mein Verleger, ein berüchtigter Erbsenzähler, kurzentschlossen meinte: »*Sie sollten jetzt endlich ein Buch schreiben, das viele Menschen interessiert.*« Da war ich irritiert. Denn abgesehen davon, dass ich keine Ahnung habe, was viele Menschen interessiert, ich weiß lediglich, was mich und meine engsten Freundinnen und Freunde interessiert – und auch abgesehen davon, dass ich noch nicht endgültig in den Ruhestand als Verlagshackler abgedriftet war (von irgendetwas muss der Mensch ja leben) und somit wenig Zeit übrig hatte, winkte ich ab: Mir war in letzter Zeit einfach nichts mehr eingefallen, Schreibblockade oder so. Plötzlich fiel mir doch etwas ein: Dass nämlich richtige Schriftsteller einen Vorschuss bekommen, bevor sie ans Werk gehen (Vorschüsse haben den Vorteil, dass der Autor Geld kriegt, noch ohne etwas geleistet zu haben. Das klingt verlockend und ist offenbar auch der Trick vieler Verleger, literarische Berühmtheiten überhaupt zum Schreiben bewegen zu können. Denn welcher Schriftsteller hat schon die Courage, den bereits verprassten Vorschuss wieder zurückzuzahlen?)

Also sagte ich: »*Na ja, ich werd's mir überlegen. Und könnte ich vielleicht, ich meine...ich kenne da einen Autor, der hat vom Verlag einen kleinen Vor...*« Das »*vor*« brachte ich gerade noch heraus, der Schuss freilich blieb mir im Hals stecken, schon verließ mein Verleger den Raum, er kam kurze Zeit später aber zurück und fuhr mich an: »*Sie glauben wohl, Sie sind der Hemingway? Von den Humoristen fällt mir übrigens einer der berühmtesten ein, der Anton Kuh.*« – »*Ich mag ihn sehr*«, wollte ich einwerfen, kam aber nicht zu Wort, mein Verleger, schon ziemlich grantig, erwiderte: »*Wenn Sie den Kuh schätzen, werden Sie auch wissen, dass der immer Vorschüsse genommen und dann keine Zeile geschrieben hat. Deshalb hat der Kuh den Torberg so gehasst, weil der Torberg für seine Vorschüsse tatsächlich Texte abgeliefert hat. Übrigens großartige im Vergleich zu den Ihren.*«

Jetzt war auch ich verärgert, denn schließlich war das neue Buch die Idee meines Verlegers gewesen und nicht meine. Also hatte er mich nicht zu beleidigen. Aber da mir Geschichtenschreiben so viel Freude macht wie meiner Frau Eva das Felsklettern (die meisten unserer Freunde halten angesichts solcher Vorlieben beide Effenbergers für leicht absonderlich), gab ich mir und meinem Erbsenzähler noch eine Chance. Ich riss mich zusammen und sagte: »*Sie könnten mich an dem Projekt beteiligen, dann verzichte ich auf den Vorschuss.*« Der Erbsenzähler wurde plötzlich einnehmend, Handschlagqualität hatte er ja, und der Deal war perfekt: Ich mache das Buch, das viele interessiert (obwohl ich immer noch keine Ahnung hatte, was das Gros der Leser bewegen würde), und der Verlag lässt mich am Ergebnis teilhaben. »*An dem, was unter dem Strich herauskommt, beteilige ich Sie zur Hälfte*«, sagte der Erbsenzähler, und eigentlich hätten bei mir alle roten Lämpchen aufleuchten müssen. Aber ich war schon zu müde und zog von dannen.

Am nächsten Tag traf ich im Stiegenhaus des Verlages die Kostenrechnerin des Unternehmens und fragte sie, welches Ergebnis mein vorangegangenes Buch eingespielt habe. »*So genau wissen wir das erst am Jahresende*«, sagte die nette Dame, »*aber derzeit liegen wir bei einem Minus von 20.000 Euro.*« Ansatzweise verspürte ich eine Depression.

Ich erzählte der Kalkulantin von meinem neuen Vertrag mit Ergebnisbeteiligung, sie konnte offenbar gut kopfrechnen und hatte sofort Mitleid mit mir, denn sie lud mich auf einen Grappa ein, es sind dann drei geworden, die alle ich bezahlte, denn darauf kam es nun wirklich nicht mehr an. Aber der Startschuss zu den »*G'schichten aus Wien*« war nicht mehr rückgängig zu machen, die erste Geschichte lesen Sie gerade.

Zwölf Monate später, ich lag gut in der Zeit, lieferte ich das Manuskript bei meinem Verlagschef ab, nach zwei Wochen bat er mich zu einer Besprechung und erklärte salbungsvoll: »*Der Text liest sich wirklich gut, er ist für viele Leser interessant und amüsant, nur leider...*« – »*Leider was?*«, warf ich ein, und ich ahnte, dass er mir jetzt wieder eine Gemeinheit entgegenschleudern würde. »*Die Zielgruppe, für die Sie schreiben, sind nicht die Jungen, die lesen nämlich keine Bücher mehr, aber auch von den Älteren werden die meisten das Buch nicht kaufen.*« – »*Aber warum?*«, fragte ich. – »*Weil sie schon tot sind.*« Der Erbsenzähler blieb trotzdem gut gelaunt, schließlich würde er nur den halben Verlust an dem Projekt zu tragen haben.

Mittlerweile hat der Erbsenzähler gekündigt (hoffentlich nicht als Folge der Einspielergebnisse meiner bisherigen Bücher), und meine nette Kostenrechnerin flüsterte mir im Vertrauen zu: »*Mit dem neuen Chef werden Sie kein Problem haben. Er liest nämlich keine Bücher.*«

Ich hoffe, dass Sie, liebe Leserin, lieber Leser, gerne Bücher lesen, und diesmal und ausnahmsweise auch meines.

Günther Effenberger, Wien 2017

Wienerische Einstimmung

Johann Nestroy, der legendäre Wiener Volksdichter, bildete einst in seinen Texten nicht nur die typisch wienerische, mehrheitlich fortschrittsfeindliche Seite ab, indem er Sätze prägte, die da etwa lauteten: *Überhaupt hat der Fortschritt das an sich, dass er viel größer ausschaut, als er wirklich ist* – auch Nestroys bildhafte Namensgebung in seinen Lustspielen, vom Flickschuster Knieriem bis zum Schneidergesellen Zwirn, könnte dem wirklichen Leben entstammen, einer Realität, die wir, lange nach Nestroy, auch in den fünfziger Jahren und sogar noch heute finden. Dass, nur um ein Beispiel zu nennen, die Wiener Radioanstalt einst in der Taubstummengasse ihren Sitz hatte und ihr Direktor Übelhör hieß – Nestroy hätte es nicht besser erfinden können. Damit sind wir schon bei der Anekdote angelangt, bei jenen G'schichten, die vornehmlich in Wien spielen und nur dort erzählt (und auch verstanden) werden.

Auch das macht den Wiener aus: Das Anekdotenhafte zieht ihn an, er atmet und speichert es. In Wien sind siebzig von hundert Einwohnern geborene Komiker, Schauspieler oder Dichter, Komödianten allemal. Aber kaum einer, der seine sozusagen genetisch vorhandene Begabung zum Beruf macht. Dazu ist er zu konservativ; latente Lebensangst und, damit einhergehend, das Bedürfnis nach Sicherheit genießen

Vorrang vor dem finanziell und existenziell riskanten Ausleben angeborener Kreativität. Kein Wunder, dass der große Dichter Franz Grillparzer Zeit seines Lebens Staatsbeamter blieb und Fritz von Herzmanovsky-Orlando aus der nervenschonenden Ecke eines betuchten Erbes die skurrilsten Humoresken in die Welt setzte.

Dass, vom intuitiv-genialen Bruno Kreisky abgesehen, auch die gewichtigen Polit-Populisten in Wien stets konservativ aufgetreten sind und es noch immer tun (schon allein, um mit ihren Wählern auf Augenhöhe zu bleiben), wird jeder, der in Wien Neues versucht, zu spüren bekommen. *Das wird nix, das brauch ma net, wozu macht der das?* – das sind hierorts geflügelte Worte, wenn auch auf finsterstem Stammtischniveau abgefasst. Karl Kraus, der revolutionäre Fortschrittsgeist, zündelte in seiner Zeitschrift »Die Fackel« gegen die ewiggestrigen Bewahrer jedenfalls wesentlich subtiler: *Ein Paradoxon entsteht, wenn eine frühreife Erkenntnis mit dem Blödsinn ihrer Zeit zusammenprallt.*

Der Schriftsteller Friedrich Torberg, Intimfeind des Kommunismus und solcherart ganz und gar amerika-freundlich geprägt, beschrieb die unaufhaltsame Veränderung der Welt, die zumeist in den Vereinigten Staaten ihren Ausgang nahm (und nach wie vor nimmt), wohlweislich differenziert und unterschied grundlegend zwischen technologisch-gesellschaftlichem (einst waren das Radio und Fernsehen, heute sind es Smartphone und Internet) und moralisch-gesellschaftlichem Fortschritt (den es nach wie vor lediglich in zaghaften Ansätzen gibt): *Mir will der Konservativismus in jeglicher Gewandung – in persönlicher, in lebensstilistischer, in literarischer, in geistiger, in politischer – als die einzig revolutionäre Haltung erscheinen.*

So wie Torberg kann man es auch sehen. In Wien freilich drehen alle am Rad der Zeit – aber die meisten nicht vor-, sondern rückwärts. Aufhalten können sie, beim schlechtesten Willen, den Fortschritt freilich nicht, er kommt über sie, so oder so. Manchmal überfallsartig, gelegentlich schneckenähnlich, immer schicksalhaft. Aber ist der Fortgang der Ereignisse einmal verankert, will ihn hier niemand mehr missen. Belächelte Avantgarde verwandelt sich unbesehen, in oft nicht einmal einem Jahrzehnt, in tiefgefrorenen Konservativismus. Gustav Mahler hat einmal gesagt: *Wenn die Welt untergeht, fahre ich nach Wien, denn dort passiert alles fünfzig Jahre später.*

Aber nicht nur schrulliges Denken und angestammte Fortschrittsfeindlichkeit prägen Geist und Seele des urtypischen Wieners, auch sein sozialer Zugang zu den Mitmenschen pendelt permanent zwischen herzerweichender Gutmütigkeit und purer Bosheit, eine Widersprüchlichkeit, die sich auch in der jüngsten Asylantenproblematik wieder offenbarte. Der aus Wien stammende Journalist und Schriftsteller Alfred Prokesch sah die Ambivalenz des goldenen Wiener Herzens niemals der Gefahr eines wirklichen Kurssturzes ausgesetzt und brachte sie bereits Ende der sechziger Jahre in seinem Buch »Neunmal Österreich«, frei nach Roda-Roda, treffsicher auf den Punkt:

Man braucht in Wien lediglich an einer Straßenecke stehenzubleiben und einen Stadtplan zu entfalten, um sofort einen oder mehrere hilfsbereite Passanten um sich zu scharen, die nichts anderes wünschen, als dem Fremden dienlich zu sein. Mitunter ist dieser Wunsch sogar derart intensiv, dass sich die Helfer untereinander aus Konkurrenzneid in die Haare geraten. Wage es niemand, einen auf diese Weise erhaltenen Rat in den

Wind zu schlagen oder etwa den Misstrauischen zu spielen. In diesem Fall erwacht sofort das Weh im Wiener Herz: »Aber lieber Herr! Wann i Ihnen doch sag'…i wird's doch wissen…i bin doch a Hiesiger, a Wiener…meinen S' denn, i will Ihna anschmier'n? Schau i denn aus wie a Gauner? I sag's doch, wie's is – umdrahn müssen S' Ihna und z'ruckgehn…«

Wer sich dennoch nicht erweichen lässt und unverzagt in die falsche Richtung ausschreitet, hat damit den Rubikon überschritten. »Hatsch nur weiter, du Fallot, du elendiger! Wirst schon draufkommen, wann's zu spät is – du g'scherter Aff'…is eh nix dran an dir…«

Womit dem freundlichen Helfer die ersehnte Möglichkeit geboten wurde, neben der helfenden auch die sentimentale Seite seines Ichs zu aktivieren – und gerührt und glücklich vor Enttäuschung wird er von dannen ziehen.

Soweit Prokesch. Hinzuzufügen wäre noch, dass auch die klassischen Wiener von heute in vielen Fällen natürlich keine Ur-Wiener sind, ihre familiären Wurzeln fußen in Böhmen, Mähren, Ungarn, Polen oder sonst wo. Die Prohaskas, Novotnys, Nemeceks – sie sind die Enkel und Urenkel einst ebenso misstrauisch beäugter Migranten wie die heutigen Öczans, Ercans oder Erdems. Und dass viele junge und jung gebliebene Zuwanderer die Wiener Szene in den vergangenen Jahrzehnten vergnüglicher, bunter und fröhlicher denn je erscheinen ließen (von den unvermeidlichen kriminellen Ausnahmen einmal abgesehen), kann trotz aller Probleme durchaus als gesellschaftspolitische Investition in die Zukunft gesehen werden. Auch wenn sie von etlichen Wiener Dumpfschädeln konservativer Ausprägung rigoros abgelehnt wird: *Die soll'n daham bleiben, die brauch ma net.*

Brauchen wir sie wirklich nicht? Ich meine: Wir brauchen sie, die Ambitionierten und die Integrationswilligen unter den Ankömmlingen, gerade heute mehr denn je. Und dringender als je zuvor (wobei die unser Land überschwemmende Flüchtlingsflut eine Situation darstellte, der Europa, uneinig und egomanisch, nicht gewachsen war und die bei diesen Überlegungen gesondert betrachtet werden muss).

Trotz alldem kommt berechtigte Hoffnung auf, dass sich Wiens griesgrämige Geizhälse und nervende Grantler, sofern sie noch nicht zielstrebig in Richtung Zentralfriedhof unterwegs sind, langsam vom Schwung so mancher jungen Neuankömmlinge werden inspirieren lassen, jener Generation lebensbejahender Migranten, die sich trotz permanenter Wirtschaftskrise und schwächelnder Einkommen ihre gute Laune nicht verderben lassen wollen. Sollte es dafür noch eines Beweises bedürfen – ein Blick in die Wiener Taxiszene genügt. Wer jemals das Vergnügen hatte, sich mit einem launig plaudernden Schwarzafrikaner oder fröhlich-eloquenten Iraner durch Wiens Straßen (gelegentlich auch auf Irrwegen) chauffieren zu lassen, weiß es. Und wer das penetrante Sudern und Jammern der ohnedies schon selten gewordenen heimischen Taxler über eine kraftlose Bundesregierung und den langsam dahinschmelzenden Wohlstand hört, bekommt es unvermittelt übers Gegenteil bewiesen: Die letzten spießigen Wiener, aus welcher gesellschaftlichen Ecke sie auch stammen mögen, weilen immer noch unter uns, und sie dürfen uns gut und gern unterhalten, wenn auch zumeist unbeabsichtigt.

Thomas Bernhard, bedeutendster Negativdenker der Nation, hat es auf brillant-drastische Weise zum Ausdruck gebracht: *Die Regierung, eine Dummköpfelotterie, das Volk, Kleinbürger auf der Heuchelleiter, Aufwachen in Österreich heißt in Stumpfsinn und Niedertracht aufwachen.*

Aber wir dürfen uns das Lachen nie und nimmer verbieten lassen: Überliefertes und Erlebtes verdichten sich in Wien unschwer zu einem kunterbunten Kaleidoskop heiterer und ernster Geschichten, wie man sie nur selten in herkömmlichen Biografien und klassischen Geschichtsbüchern findet – und wenn, dann lediglich in unauffälligen Randnotizen. Die zur Verfügung stehende Bühne für die Darsteller ist riesig: Auf ihr tummeln sich die intellektuellen Käuze der Literatencafés aus den zwanziger und dreißiger Jahren ebenso wie die aus dem Blickwinkel heutiger Facebook-Klopfer seltsam anmutenden Journalisten und Schriftsteller der Zwischen- und Nachkriegszeit, da posieren berühmte Schauspieler und Regisseure und sogar unfreiwillig humoristische Fußballer von einst und jetzt mit ihrem oft grotesk anmutendem Wiener Schmäh, und da treten schließlich die in Wien noch immer allgegenwärtigen Durchschnitts-Keppler in nicht minder erquickenden Nebenrollen auf.

Möge diese Mixtur für Sie, liebe Leserin, lieber Leser, eine wirksame Medizin gegen Frust und Mieselsucht sein. Hoffentlich eine ohne Nebenwirkung.

Immer ein Theater
Werner Krauß und Josef Meinrad: Kein Rat und kein Gepard

Als einst ein deutscher Journalist in Wien auf dem Flughafen ankam, in ein Taxi stieg und zum Fahrer sagte: *»Zum Burgtheater bitte!«*, fing der Chauffeur sogleich zu schwärmen an: *»Sie wissen eh, heut' spielen die Wessely und der Hörbiger.«* Dieses Wissen überraschte den deutschen Medienmann, denn selbst die besten Theaterschauspieler zwischen Bochum und Hamburg galten bestenfalls dann als Stars, wenn sie häufig im Fernsehen auftraten und, noch eher, wenn sie Skandalgeschichten für die Klatschblätter ablieferten.

In Wien wurden die berühmten Schauspieler nicht nur bewundert, sondern auch verehrt und geliebt. Der Wiener Literaturwissenschaftler und Schriftsteller Franz Schuh geht sogar so weit, dass er den einstigen Publikumsliebling Josef Meinrad als pseudopolitische Integrationsfigur des Nachkriegs-Österreich sieht. Deshalb verwundert es auch nicht, dass Mitte der siebziger Jahre der bissige Kulturkritiker und Kurier-Chefredakteur Karl Löbl angesichts einer in Umfragen einknickenden Österreichischen Volkspartei (ÖVP) zwar spaßhaft, aber unter dem heiteren Applaus seiner Redaktion meinte: *»Die Volkspartei soll den Meinrad nominieren, dann gewinnt sie die Wahl.«* Die Volkspartei nominierte natürlich nicht den Meinrad, und die Wahl gewann Bruno Kreisky.

Josef Meinrad verkörperte in seinen Rollen am Burgtheater, in seinen Filmen und privat den idealen Österreicher und Wiener, oder zumindest einen, der so auftrat, wie sich die Österreicher damals den idealen Wiener vorstellten: freundlich, bescheiden, sparsam und zurückhaltend höflich. Dass dieser Darstellung angesichts seines Lebensstils viel Widersprüchliches innewohnte – im Wien der Nachkriegsjahre sah man das entspannt und neidlos. Josef Meinrad wohnte mit seiner Frau Germaine in einer Villa in Wien-Mauer, und er besaß einen Rolls-Royce, aber diesen, wie er sagte, ausschließlich aus wirtschaftlichen Gründen. Alle drei Jahre ein neues Auto zu kaufen käme ihm zu teuer, mit seinem Rolls könne er dreißig Jahre lang ohne Reparaturen fahren. Aus dieser Zeit stammt auch der mittlerweile geflügelte Ausspruch der scharfzüngigen Burgschauspielerin Adrienne Gessner, die, boshaft wie sie war, ätzte: »*Seit der Pepi den Rolls-Royce fährt, ist er noch bescheidener geworden.*«

Als Josef Meinrad, der normalerweise Überpünktliche, bei den Salzburger Festspielen einmal zu spät zu einer Probe kam, war ihm das furchtbar peinlich. Die Kollegen waren schon beunruhigt gewesen. Meinrad entschuldigte sich, sein persönlicher Parkplatz vor dem Festspielhaus (nur Rolls-Royce-Besitzer Meinrad und Ferrari-Fahrer Herbert von Karajan genossen das Privileg einer eigenen Abstellfläche für ihre Autos) sei besetzt gewesen, und woanders könne er seinen mächtigen Wagen nicht hinstellen, er habe in eine Garage fahren müssen. Helmut Qualtinger, in seiner Lebensführung augenfälliges Gegenteil des überzeugten Nichtrauchers und Nichttrinkers Meinrad, bemerkte spitz: »*Wenn er wirklich reich wär, hätt er an Chauffeur.*«

Oskar Werner sagte in einem Interview während der Dreharbeiten für den Film »Zwischenspiel«, in dem er einen Rolls-Royce fahrenden Dirigenten darstellte: »*Ich glaube, in dem Moment, wo ich einen Rolls-Royce fahren würde, in dem Moment hätte ich das Gefühl, ich hab mein Talent verloren.*« Sollte dieser Pfeil auch Josef Meinrad und Herbert von Karajan treffen? Sich beliebt zu machen, war nicht die Stärke des Oskar Werner.

Um Meinrad kreisten noch viele andere Anekdoten, interessanterweise sind die meisten Geschichten aber nicht wahr. Dass Meinrad im Garten seines Hauses zahlreiche Tiere, Hunde, Vögel, ja sogar einen Affen hielt, ist dokumentiert. Der Gepard im Gehege hinter der Villa in der Anton Krieger-Gasse entstammte aber wohl der ausufernden Phantasie einiger Wiener Theaterfreunde. Doch wir Kinder waren begeistert – ein Gepard nicht nur in Schönbrunn, sondern auch in Meinrads Garten, wie gern wären wir dorthin zu Besuch gekommen!

Viele Meinrad-Verehrer hatten lange Zeit auch ernsthaft geglaubt, dass der Iffland-Ring, die Auszeichnung für den bedeutendsten Schauspieler im deutschen Sprachraum, lediglich aufgrund eines Missverständnisses am Sterbebett von Werner Krauß ihrem geliebten Pepi zugesprochen worden sei (der Ring wird vom jeweiligen Besitzer testamentarisch einem von ihm bestimmten Nachfolger zuerkannt).

Zwar kam es für alle Theaterkenner völlig unerwartet, dass der damals außerhalb Österreichs kaum bekannte Josef Meinrad von Werner Krauß den Ring erhielt (die meisten tippten natürlich auf Oskar Werner) – ein dermaßen skurriles Gerücht, das zu erklären versuchte, wie solches passieren konnte, vermochte sich allerdings nur in Wien zu verbreiten. Und es ging so: Werner Krauß, der Träger des Iffland-Ringes, habe vergessen, das Kuvert mit dem Brief zu hinterlegen, auf dem die Weitergabe des Ringes vermerkt sei – oder die Bürohengste hätten das Dokument verschlampt. Als Krauß im Sterben lag, habe man ihn gefragt, wem er denn nun den Ring überlassen wolle. Krauß habe nur geröchelt und mit letzter Kraft geantwortet: »*Mein Rat ist...*« Weiter sei er nicht gekommen. Und dann habe er für immer die Augen geschlossen. So sei Josef Meinrad in den Besitz des Iffland-Ringes gelangt.

Aber die Geschichte war erfunden: Es gab für Meinrad keinen Rat – und natürlich auch keinen Gepard. Und angeblich habe Meinrad, der Schalk, die Anekdote über die vermeintlich absurde Vergabe des Iffland-Ringes selbst erfunden.

Werner Krauß war der größte Schauspieler einer ganzen Epoche. Seine Darstellungen in den klassischen Dramen, vom Philipp in Schillers *Don Carlos* über Shakespeares *König Lear* bis zum Rudolf II. in Grillparzers *Bruderzwist*, sind legendär. Nach 1945 hatte Krauß zeitweise Auftrittsverbot, weil er, ein durch und durch unpolitischer Mensch, den Verlockungen des Hitler-Regimes und seines Propaganda-Ministers Joseph Goebbels erlegen war und in zahlreichen Filmen ein Rollenfach verkörperte, das der Nazi-Propaganda in die Hände spielte. Krauß wollte spielen, Politik interessierte ihn nicht, und Geld war für ihn nur eine erfreuliche Nebenerscheinung seines genialen Spiels. Und Werner Krauß spielte immer.

Der Theaterhistoriker Joseph Gregor fand, dass der Anekdotenschatz um Werner Krauß den Menschen Krauß

„Gnädige Frau, Sie wollten doch, dass ich Ihnen etwas vorsterbe" –
Werner Krauß und der wahre Zauber der Schauspielkunst.

besser charakterisiere als eine formale Biografie. So habe Krauß behauptet, dass er sich zu Hause fürstlich gebe wie Wallenstein und dämonisch wie Jago, wenn er im Studium dieser Rollen gefangen sei. Gregor: *»Das weist in die Gegend jener alten Komödianten, die sich bei Tisch von ihren Kindern kniend bedienen ließen, wenn sie abends einen König spielten.«*

Als Werner Krauß ein Familiengrab erwarb, erstattete er, sozusagen als künftiger Partner im Tod, dem Besitzer der Nachbargruft einen förmlichen Antrittsbesuch, der den angehenden Sargnachbarn fast zu Tode erschrecken ließ. Krauß klopfte an die Tür und sagte: *»Darf ich mich vorstellen: Werner Krauß. Ich werde eine Ewigkeit tot neben Ihnen im Grab liegen. Es freut mich, dass wir uns schon jetzt kennenlernen.«*

Krauß verschwieg sogar den Tod seiner ersten Frau jahrelang allen Freunden und Bekannten und stand währenddessen in Rollen auf der Bühne, die stellenweise Heiterkeit verlangten. Und er brachte Theater-Intendanten ebenso wie seine Familie zur Verzweiflung, wenn er plötzlich aus seinem Pflichtenkreis ausscherte, unerkannt in fremde Gegenden reiste und sich für ein paar Wochen den geheimen Wunsch erfüllte, statt des smarten Daseins eines weltberühmten Mannes das erdige eines Bauern zu führen.

Werner Krauß zog gelegentlich, wie unzählige andere Bühnengrößen in späteren Jahren auch, eine Wiese des Wienerwaldes einer Probe im Theater vor. Burg-Star Gert Voss etwa wollte für die Rolle als Othello seine Stimme dunkler erscheinen lassen, und am besten ließ sich das spätabends im Wienerwald proben, wenn niemand mehr unterwegs war. Voss schrie einen Satz des Othello in die nächtliche Gegend: *»Was ist hier los?«* Plötzlich kam aus dem Wald die Antwort: *»Kann ich Ihnen helfen?«* Voss wartete, bis alles wieder ruhig war. Dann schrie er wieder den

Othello-Satz: »*Was ist hier los?*« Und wieder kam die Stimme aus der Ferne: »*Soll ich die Polizei holen?*« Und Hundegebell. Voss gab auf und ging nach Hause. Am nächsten Tag, beim Frühstück auf der Terrasse, erzählte ihm sein Nachbar, der dänische Botschafter: »*In letzter Zeit schreit nachts immer ein Verrückter im Wald. Haben Sie das auch gehört, Herr Voss?*« Sein Hund sei schon ganz außer sich, schimpfte der Nachbar, aber der Wahnsinnige sei gleich wieder still, wenn man ihm helfen wolle.

Es war in Düsseldorf, einen Tag vor der Premiere des »*Don Carlos*«. Letzte Vorbereitungen. Werner Krauß hatte den Philipp zu spielen, Heinrich Schweiger den Carlos. Krauß, Schweiger und der Bühnenbildner Jean-Pierre Ponelle saßen in der Kantine, sie hatten schon einige Gläser Bier geleert. An diesem Abend vor der Carlos-Premiere wurde im Theater in Düsseldorf »Tartuffe« aufgeführt. Krauß wurde unruhig. »*Gibt's keine Rolle für mich?*« Es gab eine, die des Dieners Lorenz, aber die war wie zumeist gestrichen worden. Tartuffe würde deshalb das Beichtgewand vom Bühnenhintergrund aus gereicht werden. Aber Ponelle hatte eine schräge Idee: »*Herr Krauß, gehen wir in die Schneiderei, ich gebe Ihnen ein Dienerkostüm!*«

Was für ein Spaß: Der berühmte Werner Krauß tritt tatsächlich, ohne Wissen des Regisseurs und der Schauspieler, in der Rolle des Dieners Lorenz auf. Tartuffe-Darsteller Max Meirich traf fast der Schlag, als er den leibhaftigen Werner Krauß auf der Bühne erkannte. Krauß reichte Meirich das Beichtgewand, dachte aber in der Folge nicht daran, abzugehen, wie es im Originalbuch für den Fall vorgesehen ist, dass die Dienerrolle nicht wegfällt. Meirich improvisierte. »*Es ist gut, du kannst gehen.*« Krauß ging aber nicht, er legte die Hand an sein Ohr, als ob er schwerhörig wäre. Jetzt schrie Meirich ganz laut: »*Du kannst gehen!*« Endlich trat Krauß ab. Und niemand unter den Zuschauern hatte bemerkt, dass der berühmte Werner Krauß, der am nächsten Tag seinen großen Premierenauftritt als Philipp haben würde, als Edelkomparse aufgetreten war. Werner Krauß wollte immer nur spielen.

Die folgende Geschichte verdanken wir dem Schauspieler Heinz Zuber, bekannt als Clown Enrico aus dem Fernsehen. Es war Oskar Werner, der ihm die Anekdote zugetragen hatte. Zuber hielt sie in seinem Buch »*Soll ich sagen?*« fest.

Es war kurz nach dem zweiten Weltkrieg, Oskar Werner und Werner Krauß sitzen mit zwei Damen, flüchtige Bekanntschaften, um elf Uhr Vormittag bei einem Heurigen am Bisamberg. Oskar Werner singt, rezitiert, ahmt den Hitler nach, den Göring, den Goebbels. Die Damen hören zu. »*Der Werner Krauß hat nur g'schaut*«, erzählt Oskar Werner später, »*schauen hat er können, der Werner Krauß, schauen!*«

Plötzlich sagte eine der Damen: »*Herr Krauß, jetzt machen Sie uns doch einmal etwas vor!*«

Krauß schaut sie an, überrascht und erstaunt, dann sagt er zu der Dame: »*Was soll ich Ihnen denn vormachen?*«

Die Dame: »*Ja, ich weiß auch nicht, Sie sind doch so ein großer Schauspieler, singen Sie uns etwas vor, rezitieren Sie uns etwas vor, sterben Sie uns etwas vor...*«

Der Werner Krauß schaut sie an und sagt: »*Tut mir leid, ich kann Ihnen nichts vormachen.*«

Oskar Werner rezitiert weiter, singt, macht alle nach, den Göring, den Goebbels, den Hitler…

Da steht Werner Krauß auf, will offenbar kurz hinausgehen, rutscht aus und schlägt mit dem Kopf an einem eisernen Ofen an, fällt um, atmet schwer.

Großes Entsetzen. Beim Heurigen am Bisamberg gab es kein Telefon. Der Wirt sagt, er laufe jetzt gleich den Berg hinunter und hole Hilfe. Kurz bevor er aus der Tür geht, steht Werner Krauß wieder auf, klopft sich den Staub vom Anzug und setzt sich hin, als ob nichts gewesen wäre.

»Was war das jetzt?«, fragt die Dame.

Werner Krauß: »Gnädige Frau, Sie wollten doch, dass ich Ihnen etwas vorsterbe.«

»Das ist Theater«, schwärmte Oskar Werner, »glauben muss man's! Das ist das Allerwichtigste. Man muss es glauben!«

Das war, so schrieb Zuber, auch Oskar Werners Credo, und es ist eine Geschichte, die uns den Zauber der wahren Schauspielkunst deutlich macht.

Verhüllen und abreißen
Arschlecken per Fernschreiben –
das Peymann-Ereignis

Am 1. September 1986 begann am Wiener Burgtheater die Direktion Claus Peymanns. Der hatte schon
vierzehn Jahre vorher bei den Salzburger Festspielen ein
Zeichen gesetzt, das die einen als »konsequentes Arbeiten bis
ins kleinste Detail« und die anderen als »unangenehm klein-
lich« empfanden. Wiener Larmoyanz und norddeutsche
Zielstrebigkeit waren im Grunde genommen niemals so
wirklich kompatibel gewesen. Damals, in Salzburg 1972,
inszenierte Peymann Thomas Bernhards Stück »Der Ignorant und der Wahnsinnige«. Laut feuerpolizeilicher Vorschrift
– in Österreich galt für manche immer schon der Spruch
»Vurschrift is Vurschrift« – musste im Zuschauerraum eine
blaue Notbeleuchtung über den Ausgangstüren brennen,
und zwar während der gesamten Aufführung. Peymann
aber verlangte in einer Szene völlige Dunkelheit.

Man blätterte im Gesetzestext, der ließ keinen Aus-
weg zu: Aus Sicherheitsgründen habe die blaue Notbeleuchtung immer zu brennen. Punkt. Peymann erklärte:
»Ohne völlige Dunkelheit keine Premiere.« Und ohne Aufführung keine Gage – da wurden auch die Schauspieler
hellhörig, nur Peymann blieb unnachgiebig. Ernst Haeusserman, damals als Direktionsmitglied bei den Festspielen
tätig, fand eine Lösung, die das kleinkarierte Vorschrifts-

denken elegant umschiffte: Neben jedem Ausgang mit dem blauen Licht wurde ein Feuerwehrmann postiert, der in der Szene, wo Peymann völlige Dunkelheit forderte, ein Taferl vor das blaue Licht halten musste. So wurde es finster, und doch brannte die Notbeleuchtung. *»Der Ignorant und der Wahnsinnige«* konnten aufgeführt werden.

Ernst Haeusserman, einer der Vorvorgänger Peymanns als Burgtheaterdirektor, hatte das Haus am Ring mehrere Jahre mit Wiener Charme und Klugheit geführt. Die Situation, die sich mit Peymann Ende der achtziger Jahre in Wien ergab, lässt sich besser verstehen, wenn man sich vergegenwärtigt, wie Ernst Haeusserman die Burg und das Theater in der Josefstadt, dem er ebenfalls einige Male vorstand, mit leichter Hand lenkte. Und es war ja nicht so, dass erst mit Peymann deutsche Regisseure und Schauspieler am Ring Einzug hielten. Von 1940 bis 1997 kamen von elf Direktoren sieben aus Deutschland, auch Schauspieler wie Werner Krauß, Ewald Balser, Curd Jürgens, Boy Gobert und etliche andere waren Deutsche und zugleich Wiener Publikumslieblinge, sogar die urwienerische Susi Nicoletti (übrigens Ehegattin Ernst Haeussermans) war gebürtige Münchnerin und kam erst im Zuge ihrer ersten Ehe nach Wien.

Haeusserman galt als begnadeter Geschichtenerzähler, sein Witz, seine Schlagfertigkeit und sein Pointenreichtum sind legendär. Als Achim Benning, zehn Jahre vor Peymanns Amtsantritt, am 1. September 1976 die Direktion des Burgtheaters übernahm, wollte es der Zufall, dass just die erste Aufführung unter Benning abgesagt werden musste – etliche Krankmeldungen im Ensemble und beim technischen Personal verhinderten an diesem ersten Tag der Benning-Direktion, dass gespielt wurde. Haeusserman konnte es sich nicht verkneifen, Benning anzurufen: »*Gratuliere, mein Lieber. Erst einen Tag Direktor, und schon steht das Burgtheater geschlossen hinter dir!*«

Dank seiner Beziehungen zur amerikanischen Besatzungsmacht war Haeusserman auch dafür verantwortlich gewesen, dass die Tageszeitung »Kurier« nach dem Abzug der Alliierten im Jahr 1955 nicht zusperrte, wie das die Amerikaner vorhatten, sondern an den niederösterreichischen Mühlenbesitzer Ludwig Polsterer verkauft wurde. Haeusserman blieb dem »Kurier« aus diesem Grund stets verbunden, die Zeitung war sozusagen sein Kind. Deshalb mischte er sich immer wieder in die Blattgestaltung ein. Als der Theaterkritiker Peter Weiser über das Stück »*Die Ernte*« zu Felde zog und besonders die junge, hübsche Schauspielerin Margit Saad in die Kritik nahm, schreckte Haeusserman, der sich wie immer die Rezension der Josefstadt-Premiere noch knapp vor Drucklegung vorlesen ließ, kurz auf. Weiser hatte nämlich getitelt: »*Gute Ernte, schlechte Saad.*«

Was nur Haeusserman wusste: Kurier-Eigentümer Polsterer war der attraktiven Schauspielerin einigermaßen zugetan (die genaue Intensität der Beziehung ließ sich Jahrzehnte später natürlich nicht mehr exakt feststellen). Aber ein Verriss ausgerechnet in Polsterers Blatt hätte der Karriere Weisers im »Kurier« jedenfalls nicht besonders gutgetan. Haeusserman rief deshalb in der Setzerei der Tageszeitung an und ließ die Überschrift korrigieren. Sie lautete nun nicht mehr »*Gute Ernte, schlechte Saad*«, sondern »*Die Saad war gut, die Ernte schlecht.*« Der Lauftext konnte aus Zeitnot allerdings nicht mehr geändert werden, deshalb passten Titel und Inhalt der Geschichte überhaupt nicht zusammen, es stand ein richtiger Blödsinn auf der

Mit Worten ähnlich denen seines Lieblingsdichters Thomas Bernhard: Claus Peymann. Als er gerade einen Wutanfall auslebte, lief das Tonband des Interviewers.

Kulturseite des »Kurier«. Aber Haeusserman wusste: Polsterer liest immer nur den Titel, also war die peinliche Situation gerettet.

So ungefähr tickte Haeusserman. Peymann tickte
anders.

Es war folglich nicht der Grund für alle noch folgenden Misslichkeiten, dass mit Claus Peymann ein Deutscher
ans Burgtheater kam und mit den besten Aufführungen seiner achtjährigen Tätigkeit in Bochum die Saison in Wien
(und das zunächst durchaus bejubelt) eröffnete. Allein die
Tatsache, dass in der ersten Spielzeit fünf Damen und sieb-
zehn Herren neu ans Burgtheater engagiert wurden, als
*»notwendiger Schatz in der Ergänzung des Ensembles und des-
sen Herausforderung im Sinne der Entwicklung des Hauses«*,
wie das der Pressedienst des Theaters etwas schwülstig formulierte, stand schon im Widerspruch zur Äußerung des
damaligen Unterrichtsministers Helmut Zilk. Der hatte im
April 1984 der Belegschaft geschrieben: *»Herr Peymann
wird außer seinen engsten Mitarbeitern niemanden mitbringen
und mit den am Burgtheater beschäftigten Schauspielern arbeiten.«* Papier ist geduldig, sogar in Wien.

Die vielen neuen Kollegen rannten im Theater herum, ohne sich den Alteingesessenen vorzustellen, Peymann
tat das sowieso nicht. Er hatte anderes zu tun. Die Belegschaft war verunsichert. Das Fass zum Überlaufen brachte
ein Interview, das Peymann der deutschen Zeitschrift *»Die
Zeit«* gab. Unter dem Vorspann *»Ein Disput über Österreich
und das Theater, über die Schauspieler und die Frauen…über*

Peymann, Peymann und Peymann« zitierte das Blatt den The-atermann. Und der langte ins Volle: *»Wenn Sie wüssten, was für eine Scheiße ich hier erlebe. Man müsste dieses Theater von Christo verhüllen und abreißen lassen…Das einzige Problem ist, dass man in Wien, bevor ich kam, nie ernsthaft geprobt hat. Die Begegnung mit dem Geist, dem Regisseur, fand nicht statt… Schauspieler sind oft sehr dumm. Sie müssen am Abend der Kö-nig sein, sich aber bei den Proben vom Regisseur…manipulieren lassen…Und sich wimmernd am Boden wälzen und blöde he-rumbrüllen. Diese Art von Exhibitionismus, die mit modernem Theater verwechselt wird, finden Sie bei Tabori. Damit habe ich nichts im Sinn. Da gehe ich schon lieber vögeln…Und ich kann in Wien als Burgtheaterdirektor in kein Lokal gehen, ohne dass im nächsten Augenblick das goldene Buch auf dem Tisch liegt. Eine solche Subordinationsmentalität habe ich in meiner gan-zen Laufbahn noch nicht erlebt. Guten Morgen, Herr Direktor! Grüß Gott, Herr Direktor! Grauenvoll. Der reinste Kadaver-gehorsam.«*

Am 30. Mai 1987 schrieb die Ensemblevertretung des Burgtheaters folgenden offenen Brief an Claus Peymann:
»Dieses Interview ist ein Psychogramm. Man kann sich für ein Wort entschuldigen, für einen Satz oder sogar für ein ganzes Interview. Aber nicht für seinen Charakter.«
Ein Interview als Psychogramm – für Peymann, für Wien, für Österreich?

Die große Burgdame Susi Nicoletti erwähnte in ih-ren Lebenserinnerungen, dass Claus Peymann im persönli-chen Gespräch immer sehr höflich war und seinen spröden Charme spielen ließ. Aber Peymann glaubte so fest daran, alles am besten zu machen und zu können, dass jedes Ge-spräch zu einem Aneinander-vorbei-reden wurde. Als ihm

Nicoletti einmal näherbringen wollte, dass sie es für schier unmöglich hielte, dass ein Norddeutscher wie Manfred Karge (der gerade dabei war, Ödön von Horváths »*Glaube, Liebe, Hoffnung*« zu inszenieren und den sie als Menschen ganz besonders schätzte) vom Stand weg die Sensibilität der österreichischen Sprache und der österreichischen Seele würde umsetzen können, hörte Peymann aufmerksam zu und sagte dann: »*Verstehe, Frau Nicoletti, ich verspreche Ihnen eines: Den nächsten Schnitzler mach ich selber.*«

Das verfängliche Gespräch mit Peymann hatte André Müller geführt, er galt als einer der besten Interviewer seiner Zeit, er verführte seine Gegenüber zum Schwadronieren, ließ sie vergessen, dass da ein Tonband mitlief. An dem Tag des Peymann-Interviews wollte es der Zufall, dass der Journalist Müller ausgerechnet in dem Moment Peymanns Wiener Wohnung zum vereinbarten Gesprächstermin betrat, als dieser gerade einen Wutanfall auslebte. Der Grund: Seine Inszenierung der Shakespeare'schen Zauberkomödie »*Der Sturm*« war von der Kritik zerrissen worden – von »Zauberflaute« bis »bombastische Harmlosigkeit« erstreckte sich der Beurteilungskatalog deutscher und österreichischer Rezensenten. Per Fernschreiben forderte Peymann die betreffenden Kritiker auf, ihn doch gefälligst am Arsch zu lecken. Und dann kam André Müller, und das Tonband lief.

Peymann redete mit Müller nicht wie mit einem Journalisten, der alle auf Band festgehaltenen Aussagen der Öffentlichkeit mitzuteilen beabsichtigte, sondern wie mit einem zur Verschwiegenheit verpflichteten Psychotherapeuten. In einer Art Schreitherapie und mit einer Wortwahl ähnlich der seines Lieblingsautors Thomas Bernhard. Nicht so sehr die Reaktion der Politiker, Jörg Haider, wer sonst, forderte als Erster Peymanns Rücktritt, auch nicht die Kommentare einschlägiger Zeitungen (»Staberl« in der Kronenzeitung: *»Ab in die Klapsmühle mit ihm!«*) machten den streitbaren Burgtheaterdirektor betroffen – eher schon die Tatsache, dass Schauspieler, und nicht nur die seines aktuellen Ensembles in Wien, sondern auch frühere Kollegen aus Stuttgart und Bochum von übelstem Verrat sprachen. Auch mitten in Peymanns Privatleben spielte das Interview angeblich hinein. In Wien zirkulierte damals die Anekdote, dass Frau Peymann nach der Lektüre der »Zeit«-Geschichte ihren Mann gefragt haben soll: *»Ist das wahr mit dem Vögeln?«* Und er soll geantwortet haben. *»Liebling, ich hab doch dich.«* Peymann hat übrigens bestritten, dass es diesen familiären Dialog je gegeben hat.

Dass viele Empörte das komplette Interview gar nicht in voller Länge gelesen hatten, ist die andere Seite jener – in der Diktion Thomas Bernhards – *»öffentlichen Erregung«*, die lange nicht abebbte. Sonst wäre ihnen Peymanns Selbstironie nicht verborgen geblieben. Peymann in dem Gespräch zu Müller: *»Was wollen Sie eigentlich aus mir herausbekommen?«* – Müller: *»Ich will Sie zum Denken anregen.«* – Darauf Peymann: *»Das ist vergebliche Mühe.«*

Und als Bundespräsident Kurt Waldheim dementierte, dass er den Burgtheaterdirektor in den Nacken geküsst habe, wie Peymann das in dem Interview wörtlich ausdrückte, gab Peymann Waldheim recht. Es wäre lediglich bildhaft gemeint gewesen, der Präsident habe ihn natürlich nicht wirklich in den Nacken geküsst, hätte ihm aber Komplimente leidenschaftlich ins Ohr geflüstert. Der österreichische Journalist Hans Heinz Hahnl meinte daraufhin: *»Ich habe Waldheim allerhand zugetraut, vor allem diverse Kniefälle, aber keinen Nackenkuss. Dafür fehlt ihm der eroti-*

sche Elan.« Zitate, Antworten, Gegenantworten – das Rad der Empörung drehte sich.

Diplomatische Zurückhaltung in der Burgtheater-Burleske übte lediglich der damalige österreichische Bundeskanzler Franz Vranitzky. *»Ich interpretiere das Interview als tragikomischen Zweikampf Peymanns mit sich selbst.«* Und prompt gratulierte die »Zeit« den Österreichern zu ihrem Kanzler und zum Engagement Peymanns als Burgtheaterintendanten. Benjamin Henrichs Lob auf Österreich in dem Magazin las sich so: *»Da möchte man als deutscher Bürger schon ganz neidisch werden: ein Bundeskanzler, der Texte nicht nur an der Oberfläche zu lesen vermag, sondern mit all ihren Ober-, Unter- und Zwischentönen. Wenn die Wiener den Peymann ausweisen, sollen sie uns den Vranitzky gleich mitschicken – im Umtausch gegen den Kanzler* (Helmut Kohl, Anm.) *und einen deutschen Staatsintendanten freier Wahl.«*

Der Aufruhr in der Wiener Theaterszene traf dann auch an der Affäre schuldlose Schauspieler wie den für seine Darstellungskunst so hoch geschätzten Gert Voss, der Drohbriefe bekam, dem sie vor dem Burgtheater die Reifen an seinem Auto aufschlitzten, der ein Packerl des Delikatessengeschäftes »Do & Co« mit adrett verpackter original Scheiße zum Bühnenportier zugestellt bekam. Dabei lag ein Brief mit dem Text: *»Danke für alles, was Sie uns geschenkt haben.«* Voss erhielt Polizeischutz, es war die Zeit der Briefbombenattentate in Wien.

Um es mit Thomas Bernhard zu sagen, und der war in diesem Fall keineswegs ein Übertreibungskünstler: *»Man kann von einem Augenblick auf den andern aus der Tragödie (in der man ist) in das Lustspiel eintreten (in dem man ist), umge-*

kehrt jederzeit aus dem Lustspiel (in dem man ist) in die Tragödie (in der man ist).«

Es wäre nicht Wien, hätte sich mit der Zeit nicht alles
wieder geglättet und sogar ins Gegenteil verkehrt. Gert Voss
wurde endgültig zum Liebling der Wiener Theaterbesucher,
unerreichtes Synonym für große Schauspielkunst. Als er
2014 starb, wurde er, einer Tradition des Burgtheaters entsprechend, auf der Feststiege aufgebahrt, Claus Peymann
hielt die Trauerrede. Und alle von einst, die noch lebten,
waren dabei. Und die vormals stockkonservative »Presse«
formulierte dreißig Jahre nach der Burgtheater-Affäre zum
achtzigsten Geburtstag Peymanns eine Laudatio auf den
einst so Umstrittenen: »Die Glorifizierung Peymanns ist inzwischen vollständig. Die wie er ergrauten Zeugen seiner Burg-
Ära erinnern sich ebenso gern an die wilden Zeiten, wie die jungen Leute solche herbeisehnen.«

Einstein, Friedell und ein Kuh im Kaffeehaus
Von Plagiaten und Plagiatoren

Zu den Stammgästen des Berliner Romanischen Cafés, inmitten der zahlreich aus Wien nach Berlin übersiedelten Herrenhof-Literaten, zählte auch der weltberühmte Physiker Albert Einstein, Begründer der allgemeinen Relativitätstheorie. Ihn, der selbst ein gewitzter Spaßmacher war, nahmen seine Freunde, unter ihnen der Musiker Arnold Schönberg und der später durch seine Peter Alexander-Filme bekannt gewordene Regisseur Géza von Cziffra, gern auf die Schaufel, wie man in Wien Hänseleien gemeinhin zu nennen pflegt.

Ansatzpunkt der Sticheleien war zumeist das Liebesleben des populären Wissenschaftlers. Denn obzwar verheiratet, nützte Einstein den ihm reichlich in den Schoß fallenden Erfolg bei Frauen jüngeren und mittleren Alters weidlich und über alle Maßen aus. Einstein wurde in Freundeskreisen deshalb »der relative Ehemann« genannt. Und wenn er sagte: *»Ich betrüge Antonia nur ungern«*, meinte er damit keineswegs seine Ehefrau, sondern die Langzeitgeliebte Antonia. Eine Freundin der mit Einstein verheirateten Elsa herrschte ihn deshalb einmal an: *»Wenn Sie mein Mann wären, würde ich Ihnen Gift in den Kaffee tun.«* Worauf Einstein schlagfertig replizierte: *»Und wenn Sie meine Frau wären, würde ich ihn trinken.«*

Albert Einsteins Liebe galt dem Geigenspiel. Aber er war ein miserabler Musiker. Als er seinem Komponistenfreund Arnold Schönberg auf der Violine vorspielte, schwieg der beharrlich. Da fragte Einstein leicht verunsichert: *»Na, wie war ich?«* Schönberg zog sich einigermaßen diplomatisch aus der Affäre: *»Ich würde sagen, relativ gut.«*

Die Freundschaft Schönbergs hielt dem Geigenspiel Einsteins stand.

Warum Albert Einstein, anders als die meisten seiner Wissenschaftskollegen, Popularität erlangte wie sonst nur Filmschauspieler oder Sportstars, dafür gibt es einen simplen Grund: Seine Relativitätstheorie revolutionierte nämlich nicht nur die klassische Physik, sondern griff mit der Korrektur von Begriffen, die um Raum und Zeit kreisen, auch in das laienhafte Weltbild der Alltagsbürger ein. Am Compton-Rückstoß des Elektrons und an der Richtungsquantelung im mikrokosmischen Geschehen entzündeten sich die Geister außerhalb erlesener Universitäten ebenso wenig wie an Bohrs Idee der Komplementarität. Einsteins Theorie hingegen schien sogar den Schreibern der Wiener *Kronenzeitung*, zumindest in groben Zügen, einzuleuchten. Deren Blattmacher entwickelten schon damals ein feines Gespür dafür, wie man Auflage macht, und setzten im Herbst 1912 folgende Schlagzeile aufs Titelblatt der Krone: *»Die Minute in Gefahr! Eine Sensation der mathematischen Wissenschaft.«* Womit Einstein, der scheinbar verrückte Professor, der die Zeit verhexte und den Raum krümmte, mit einem Schlag auch in Wien in aller Munde war.

Es versteht sich, dass Albert Einstein, wohin er auch kam, von Journalisten umlagert und fortwährend zu Interviews gebeten wurde. Alle wollten erklärt haben, auf welche

Weise seine Relativitätstheorie denn nun wirklich funktioniere. Denn die *Sintflut der mathematischen Formeln*, wie der Mathematiker Hermann Weyl das Konglomerat aus Zahlen und Zeichen nannte, war für Nichtphysiker das hervorstechendste Merkmal der Erkenntnisse Einsteins. Sie besiegelten den Ruf der Relativitätstheorie als absolut unverständlich. *»Das ist Einstein«*, sagten die Leute, wenn sie einem Text oder einem Rechenbeispiel nicht folgen konnten.

Einstein versuchte erst gar nicht, Journalisten und wissensdurstigen Adabeis seine wissenschaftliche Arbeit ernsthaft zu erklären. Er wusste, dass sie ohnedies niemand verstünde, und flüchtete deshalb ins Reich der Metapher und Scherze: *»Stellen Sie sich vor, Sie sitzen eine Stunde neben einer hübschen, geistreichen Frau – dann wird Ihnen diese Stunde wie eine Minute vorkommen. Wenn Sie aber mit dem nackten Hintern nur eine Sekunde auf einem heißen Ofen sitzen – dann wird Ihnen diese Sekunde wie eine Stunde erscheinen.«* Mit der tatsächlichen Relativitätstheorie hatten solche Ausführungen natürlich rein gar nichts zu tun. Aber die Journalisten durften wieder eine gute Einstein-Geschichte in ihre Notizbücher kritzeln.

Privat lebte Albert Einstein bescheiden, Geld bedeutete ihm wie vielen Wissenschaftlern nicht besonders viel. Gegen gute Bezahlung wollte ihn der amerikanische Botschafter dereinst zu einer Vortragsreise, gespickt mit allem Tamtam, mit dutzenden Ehrungen und Festlichkeiten, in die Vereinigten Staaten locken. Einstein lehnte ab. Als der Botschafter das Honorar verdoppelte, lehnte Einstein erneut ab: *»Ich will doch meine Zeit nicht damit vertrödeln, Geld zu verdienen.«* Und blieb zu Hause, an der Seite seiner Ehefrau Elsa. Zumindest fallweise.

Als in Deutschland die Nazis an die Macht kamen, emigrierte Einstein in die Vereinigten Staaten. Und es blieb ihm nichts anderes übrig, als sich vermehrt mit Vortragsreisen, wie sie ihm so gar nicht taugten, finanziell über Wasser zu halten. Die Amerikaner stellten ihm zu diesem Zweck ein Luxusauto samt Chauffeur zur Verfügung, und Einstein reiste von Universität zu Universität. Während der Einstein'schen Referate saß der Chauffeur immer irgendwo brav in einer Ecke des Saales, und irgendwann sagte der Fahrer zu Einstein: *»Ich habe Ihren Vortrag schon zwanzigmal gehört, jetzt könnte ich ihn sogar schon selber halten.«* – *»Das ist eine gute Idee«*, meinte Einstein, pfiffig wie immer und der vielen Reden überdrüssig, *»den nächsten Vortrag halten Sie, die Amis kennen mich ohnedies nicht.«*

Beim nächsten Termin referierte also nicht Einstein, sondern sein Fahrer vor den Studenten. Einstein saß, das Chauffeurkapperl auf dem Schoß, am Eck in der ersten Reihe. Als das Referat zu Ende war, wandte sich ein Student mit einer Frage zur Relativitätstheorie an den Vortragenden. Schlagfertig meisterte der falsche Einstein die Situation, indem er dem Studenten bedeutete: *»Das ist eine ganz simple Frage, mein Freund! Die kann sogar mein Chauffeur beantworten.«*

Diese Einstein-Anekdote hat uns übrigens der spanische Automanager Ignacio López überliefert, und er erzählte sie den Zuhörern anlässlich einer Vortragsreihe an der Technischen Universität in Wien. Wahrscheinlich hätte der schweigsame López auch lieber seinen Chauffeur die Rede halten lassen.

Albert Einstein war im Lauf seines Lebens Bürger verschiedener Staaten gewesen: Deutschland, Schweiz, Österreich und schließlich USA. Als der Physiker Max Planck ihn einmal fragte, was für ein Landsmann er denn eigentlich sei, bemerkte Einstein: »*Solange meine Theorien nicht widerlegt sind, sagen die Deutschen, ich sei Deutscher. Die Franzosen und Engländer behaupten, ich gehöre der ganzen Welt. Sollten meine Thesen aber einmal entkräftet sein, dann werden die Franzosen und Engländer sagen, ich sei ein Deutscher, und die Deutschen werden sagen, ich sei ein Jud.*«

Da lag Einstein falsch: Seine Theorien konnte zwar niemand widerlegen, trotzdem wurde dem angesehenen Forscher vom NS-Regime die deutsche Staatsangehörigkeit per Strafausbürgerung aberkannt, und Propagandaminister Joseph Goebbels ließ bei öffentlichen Verbrennungen »*undeutschen Schrifttums*« auch Werke von Einstein vernichten. Ob dem der folgende Reim deshalb schon in Europa angesichts des kunstauslöschenden Wütens der Nazis eingefallen ist oder erst später im kulturell ebenfalls ein wenig unterernährten Amerika, lässt sich nicht mehr exakt feststellen, er wurde jedenfalls von Friedrich Torberg für die Nachwelt festgehalten und bekundet in reichem Maße die Lebensweisheit des Weltbürgers Einstein: *Schau ich mir die Juden an, hab ich wenig Freude dran. Fallen mir die anderen ein, bin ich froh, ein Jud zu sein.*

Dass der spätere Nobelpreisträger in Mathematik ein miserabler Schüler gewesen sei, dieses Gerücht ist übrigens auf den Irrtum eines frühen Einstein-Biografen zurückzuführen. In der Schweiz, wo Albert Einstein maturierte, ist ein Sechser die beste und ein Einser die schlechteste Note – in Deutschland verhält es sich genau umgekehrt: Der Einser ist das *Sehr gut*, der Sechser bedeutet *Nichtgenügend*.

Der deutsche Autor der Biografie hatte das Schweizer System nicht gekannt. Tatsächlich schloss Einstein die Kantonsschule in Aarau mit der besten Note in Mathematik ab, also einem Sechser. Und die sensationelle Geschichte, dass ein gelehrter Kopf wie Einstein beim Rechnen ein ebensolcher Versager gewesen sei wie die vielen Nieten in den Schulen, flatterte als wilde Zeitungsente von Hamburg abwärts bis Wien. Und ließ den Nullen in den Gymnasien die leise Hoffnung, dass sie es doch noch zu etwas bringen könnten.

Zu den schillerndsten Persönlichkeiten der Wiener Künstlerszene, die in den zwanziger und dreißiger Jahren vornehmlich das Kaffee »Herrenhof« in der Wiener Herrengasse besiedelte, zählte der Schriftsteller und Sprechkünstler Anton Kuh. Berufsgenosse Egon Friedell nannte ihn einen Sprechsteller, der Kulturkritiker Milan Dubrovic einen Seiltänzer des Wortes. Denn Kuh war als Komödiant auf der Bühne noch weit besser denn als Autor, da waren sich Verleger und Literaturexperten einig. Das Schreiben fiel Anton Kuh nicht leicht, das lag auch an seiner angeborenen Faulheit. Als ihn der Regisseur Géza von Cziffra einmal zum Mittagessen abholen wollte, lag Kuh noch im Tiefschlaf. Nur mühsam konnte ihn Cziffra wachrütteln: »*Anton, schimpf nicht, es wird bestimmt ein schöner Tag!*« Das heiterte Anton Kuh aber auch nicht auf, er grummelte nur: »*Was kann das schon für ein Tag werden, der damit beginnt, dass man aufstehen muss!*«

Da Kuh Geld zum Leben brauchte, entwickelte er eine besondere Fertigkeit, die darin bestand, Vorschüsse für Texte zu erlangen, die er nie schrieb. Hie und da lieferte Kuh aber dann doch ab – allerdings waren die meisten Geschichten schwach und wurden erst gar nicht veröffentlicht.

Mitte der zwanziger Jahre übersiedelte Kuh nach Berlin, wo er als brillanter und schlagfertiger Conférencier seine

Seine gesammelten Werke trug er auf den Lippen:
Anton Kuh, genialer Sprechsteller, ein Seiltänzer des Wortes –
nur zu Adolf Hitler fiel ihm nichts ein.

Zuhörer ebenso begeisterte wie in Wien. Kuh war nicht nur ein Sprechsteller, sondern auch ein Sprachkünstler, seine Bonmots wurden Legende. Den besonders fein formulierenden Glossenschreiber und Theaterkritiker Alfred Polgar etwa nannte er in Anlehnung an Schillers Figur *Marquis Prosa*, dem Komponisten Ralph Benatzky, dessen Melodien nicht immer aus eigener Feder zu stammen schienen, empfahl er, seinen Namen auf *Benutzky* zu ändern. Über seine Jugend meinte Kuh, dass er ein schlimmes Kind gewesen sei und seinen Eltern wahrscheinlich nur ein einziges Mal Freude bereitet habe: »*Das war neun Monate vor meiner Geburt.*«

Anton Kuh sprach an allen literarischen Stammtischen in Wien, Prag und Berlin, er fand sogar Mäzene, die ihm für seine Auftritte eine Bühne zur Verfügung stellten. Meist redete er aus dem Stegreif, versprühte, oft über zwei Stunden, ein geistiges Feuerwerk, das konkurrenzlos blieb. Zur Eröffnung, wenn er seine Gäste begrüßte, pflegte er, wenn das Haus einmal ausnahmsweise nicht ganz voll war, zu sagen: »*Ich sehe so viele, die nicht hier sind.*« Heute wäre Kuh ein umjubelter Entertainer, hätte seine eigene Fernsehshow und würde Thomas Gottschalk endgültig ins Ausgedinge schicken. Sogar Max Reinhardt überließ ihm einmal kurzfristig sein Theater für eine Matinee.

Nur zu einem konnte sich Anton Kuh schwer aufraffen: zum Schreiben. Als er wieder einmal Geld brauchte, tippte er ungeniert eine Kurzgeschichte Egon Friedells aus einer alten Wiener Zeitung wortwörtlich ab, übergab sie dem Chefredakteur des Berliner Magazins »Querschnitt« und kassierte das Honorar. Er rechnete ohnedies nicht damit, dass die Geschichte jemals abgedruckt würde. Denn zumeist vergilbten die Kuh-Manuskripte in den Schubladen der Redakteure oder verschwanden gar im Papierkorb. Die Gefahr, dass das Plagiat entdeckt würde, schien also gering.

Womit Kuh allerdings nicht gerechnet hatte: Die gestohlene Friedell-Geschichte gefiel dem Querschnitt-Chefredakteur weitaus besser als alles, was Anton Kuh ihm bisher geliefert hatte, und er druckte sie im Blatt ab.

Im fernen Wien las Egon Friedell den Beitrag, unter dem die Autorenzeile »*von Anton Kuh*« stand, und schrieb seinem Schriftstellerkollegen folgenden Brief:

»Sehr geehrter Herr Kuh! Überrascht stelle ich fest, dass Sie meine bescheidene Erzählung ‚Kaiser Josef und die Prostituierte‘ unverändert, nur unter Hinzufügung der Worte ‚von Anton Kuh‘ in der Zeitschrift ‚Querschnitt‘ veröffentlicht haben. Es ehrt mich selbstverständlich, dass Ihre Wahl auf meine kleine, launige Geschichte gefallen ist, da Ihnen doch die gesamte Weltliteratur seit Homer zur Verfügung gestanden ist. Ich hätte mich deshalb gern revanchiert, aber nach Durchsicht Ihres ganzen Œuvres fand ich nichts, worunter ich meinen Namen hätte setzen mögen.«

Wenn schon vom Abschreiben und von Egon Friedell die Rede ist: Der meisterhafte Freidenker Friedell, von dem sein Biograf Heribert Illig glaubte, ihn am leichtesten in Gegensätzen charakterisieren zu können, nämlich als »*promovierten Kabarettisten, pedantischen Bohemien und beruflichen Dilettanten*« – dieser Egon Friedell pflegte selbst ein System des Plagiats: Er schrieb von sich selbst ab und fügte nach einem ausgeklügelten Baukastenprinzip aus eigenen Büchern und Zeitschriftenartikeln in perfekter Modul-Technik immer wieder neue Werke zusammen.

Als Friedell einmal beschuldigt wurde, vom Psychoanalytiker und Freud-Schüler Wilhelm Stekel abgekupfert zu haben, stellte sich alsbald heraus, dass nicht Friedell von Stekel, sondern, ganz im Gegenteil, Stekel aus einem alten Werk Friedells und in späterer Folge Friedell wie gewohnt von sich selbst abgeschrieben hatte. Solcherart auf den interessanten alten Text wieder aufmerksam geworden, übernahm Friedell den Artikel gleich noch einmal für sein gerade im Entstehen befindliches Buch »Kulturgeschichte der Neuzeit«. Auf eine Klage gegen Stekel verzichtete er großzügig, getreu seinem Lebensmotto *»Der Philosoph fängt erst dort an, wo der Mensch aufhört, sich und das Leben ernst zu nehmen«.*

Egon Friedell schrieb übrigens insgesamt 22 Bücher, die in 15 verschiedenen Verlagen erschienen, und mit einer Ausnahme erreichte zu seinen Lebzeiten kein einziger Titel eine zweite Auflage. Ob die Erfolglosigkeit der meisten Werke Friedells Ursache oder Wirkung der häufigen Verlagswechsel war, böte sich als reizvolles Thema für eine Dissertation an.

Unmittelbar nach Adolf Hitlers Einmarsch in Wien im März 1938 wollten SA-Leute Friedell verhaften, doch der kam ihnen zuvor. Als er die Nazi-Schergen kommen sah, stürzte er sich aus einem Fenster seiner Wohnung in Wien-Währing auf die Straße. Noch im Fallen warnte er auf dem Trottoir gehende Passanten. Er wollte nicht noch größeres Unheil anrichten.

Auch Anton Kuh, dem begnadeten Komödianten und Alleinunterhalter, verging angesichts der drohenden Hitler-Regentschaft alsbald der Humor. Als Kuh bei einer Veranstaltung in Berlin Hitler zum ersten Mal reden hörte und nachher das Romanische Café aufsuchte, warteten die Besucher bereits gespannt auf die Bonmots des redegewandten Meisters, die gleich folgen würden. Vergeblich. Kuh blieb diesmal stumm. Auf mehrmaliges Nachfragen sagte er nur: *»Es tut mir leid, aber zu diesem Mann fällt mir nichts Heiteres ein.«*

Spätzünder mit langem Atem
Heimito von Doderer:
Der immer wieder entdeckte
Weltliterat aus Wien

Im Juni 1957 begab sich »Der Spiegel« auf die Suche nach einem *»Thronfolger für den verwaisten Kronsessel der deutschen Literatur«*, wie es die Zeitschrift damals publikumswirksam zum Ausdruck brachte. Und die Hamburger Journalisten erkoren prompt den Wiener Schriftsteller Heimito von Doderer, der zuvor seinen 1348 Seiten starken Roman »Die Dämonen« fertiggestellt hatte, zum neuen Kaiser der deutschsprachigen Literatur. Und widmeten dem sechzigjährigen Schriftsteller eine zehn Seiten lange Titelgeschichte, die Doderers Roman schnurstracks in die deutschen und österreichischen Bestsellerlisten beförderte. An dem Druckwerk hatte der Dichter, für viele unbestritten ein Nachfahre Robert Musils, fünfundzwanzig Jahre lang gearbeitet. Es war nicht nur das dickste, sondern auch das teuerste Buch des Jahres. Und ein absolutes literarisches Ereignis, wie der Münchner Biederstein-Verlag selbstbewusst angekündigt hatte.

Thomas Mann war 1955 gestorben, Gottfried Benn und Bertolt Brecht starben 1956, und die Literaturkritiker zwischen Hamburg und München beklagten bereits den schlechten Zustand der deutschsprachigen Schriftstellerei. Da kam das vom Verlag in den Handel gebrachte Doderer-

Buch gerade rechtzeitig, um die deutsche und österreichische Buchkritik augenblicklich in Ekstase zu versetzen. Zahlreiche Rezensenten stellten die »Dämonen« Doderers in eine Reihe mit Dantes »Göttlicher Komödie« und nannten den schriftstellerischen Spätzünder aus Wien in einem Atemzug mit Balzac, Tolstoi, Dickens, Dostojewski (von dessen Roman Doderer den Titel »Dämonen« offenbar übernommen hatte) oder Thomas Mann. Wenngleich in Wiener Verlagskreisen das Gerücht zirkulierte, dass selbst ehrwürdige Literaturkritiker in Doderers voluminösen Roman bestenfalls mit der Nase hineingeschnuppert hätten. Sogar der entzückte Spiegel-Schreiber warnte seine Leserschaft: Die »Dämonen« seien ein so kompliziertes Buch, dass es sich dem Konsum eines normalen Lesers nach besten Kräften entziehe. Aber: *»Die Barriere, die Doderer vor ein allzu schnelles Verstehen seines Romans gelegt hat, beeinträchtigt den unvergleichlichen Erfolg des Buches bei der Fachkritik nicht.«* Nur wenige Besprechungen tanzten aus der Reihe. In einer witzelte der Verfasser: *»Der Marathonläufer des deutschen Romans mutet seinen Lesern nicht nur einen langen Atem, sondern auch eine lange Weile zu.«* Er blieb mit seinem Urteil weitgehend allein. Aber auch die Jubelchöre in den meisten Zeitschriften konnten den Lesern dieser Gazetten nicht wirklich nahebringen, worum es in Doderers Buch eigentlich ging. Die Kritiker mussten bekennen, dass sich der Inhalt des Romans wegen seines Personenreichtums und der verzwickten Handlung auch nicht annähernd wiedergeben lasse.

Die wohl sprachlich brillanteste Skizzierung des Werkes Doderers gelang dem Wiener Rezensenten und Kulturjournalisten Alfred Prokesch. Er formulierte es so: *»Gesinnungen oder zweite Wirklichkeiten sind die Landschaft, in der die Dämonen aufmarschieren, flackernd beleuchtet vom Brand des Wiener Justizpalastes, den Doderer das Cannae der*

„Wer Giftschwammerln
gegessen hat, muss
sie wieder auskotzen"
– Heimito von Doderer,
umstrittener Welt-
Romancier aus Wien.

Kaum ein Tag in den
sechziger Jahren, an
dem nicht Künstler und
Studenten zu Doderers
Wohnhaus in der
Wiener Währinger
Straße pilgerten.

österreichischen Freiheit nennt. Um diesen einen Tag des Jahres 1927 zu porträtieren, malt er Bild um Bild, komponiert er Szene um Szene, bis Wien und seine Gesellschaft seelentopographisch zutage treten – in einer Sprache, die voll herbstlicher Farbe und elastischer Präzision ist, pedantisch genau einerseits und dennoch zugleich von melodiösem Wellengang. Aus einem Überfluss an Motiven, Gestalten und Gerüchen webt er seinen Teppich des Lebens, und wie ein gewissenhafter Weber legt er vor Beginn dieser Arbeit auch die Muster fest.«

Johanna Rachinger würdigte im »Kurier« noch Jahrzehnte später die Schönheit der Sprache in Doderers »Strudelhofstiege«, seinem ersten bemerkenswerten Roman. Ein Vergleich mit Marcel Proust griffe ihrer Meinung nach nicht zu kurz: *»Da wird ein Café-Tisch als ‚umgähnt von den gepolsterten Samtbänken’ beschrieben oder die Liebe als ‚Primzahl des Lebens, keiner Analyse bedürftig’. Die Metaphern sind geprägt von Witz und Originalität.«*

In Deutschland war Doderer bis zum Spiegel-Artikel dem breiten Publikum kaum ein Begriff gewesen. In Österreich hatte sich seit dem Erscheinen des Romans »Die Strudelhofstiege«, 1951 verfasst, eine überschaubare Gruppe von Enthusiasten gebildet, die sich mit dem Autor ernsthaft auseinandersetzten – die sogenannten Heimitisten. Aber erst nach dem triumphalen Durchbruch der »Dämonen« stellte sich auch der Erfolg der »Strudelhofstiege«, mit einem Umfang von 900 Seiten auch nicht gerade ein schlankes Buch, nachhaltig ein. Die Spezialzeitschrift »Bücherschiff« jubelte anlässlich der Präsentation der »Dämonen« inbrünstig: *»Nannten wir die ‚Strudelhofstiege’ einen Gipfel, so muss von den ‚Dämonen’ von einem ganzen Gebirgsmassiv gesprochen werden.«* Doderers Ruhm verbreitete sich weltweit. Als Thornton Wilder 1961 nach Wien kam, wollte er als Erstes die Strudelhofstiege im neunten Bezirk sehen und als Zweites Döbling, den Schauplatz der »Dämonen«. 1963 schrieb die »New York Times«, Doderer sei *»wesentlich in seiner Diagnose der gesamten westlichen Kultur«*. Bereits 1959 hatte der Literaturhistoriker Leonhard Fiedler folgende Interpretation parat: *»Doderer sieht als Dämonen die anonymen Mächte, die unmerklich das Gesicht der Masse ändern.«* Eine verschwommene Deutung damals, die selbst einer Interpretation bedürfte, aber angesichts von Globalisierung und Wutbürgerschaft vielleicht heute mehr denn je gültig scheint – in einer Zeit, in der vom Volk gewählte Politiker im Kräftespiel zumeist gesichtsloser Weltkonzerne bestenfalls noch Nebenrollen innehaben.

Das internationale Ansehen Doderers wuchs Anfang der sechziger Jahre über alle Maßen, an vier ausländischen Universitäten waren bereits Dissertationen über den Wiener Literaten in Arbeit. Es folgten Übersetzungen seiner Romane ins Französische, Italienische, Spanische, Polnische, Jugoslawische und ins Finnische. Der Autor nahm die Ehrungen und den späten, auch finanziellen Erfolg als Schriftsteller mit Demut hin. Und er verblieb weiter in seiner kleinen Wiener Wohnung, zu der nahezu täglich Künstlerdelegationen aus allen möglichen Ländern pilgerten. In dem etwas herabgekommenen Haus in der Währinger Straße Nr. 50 sind in einem Glaskasten neben dem Haustor auch heute noch Doderer-Fotos ausgestellt.

Aus dem privaten Leben des Autors war bis Mitte der siebziger Jahre, Doderer starb im Dezember 1966, lediglich eine brisante Tatsache öffentlich bekannt geworden – nämlich, dass er 1933 vorübergehend nach Deutschland übersiedelt und der NSDAP beigetreten war. Bereits 1938 zerriss er sein Parteibuch angeblich wieder, mit der Begründung: »*Wer Giftschwammerln gegessen hat, muss sie wieder auskotzen.*«

Vorher und nachher gestaltete Doderer sein Leben bemerkenswert vielfältig, manchmal freiwillig, gelegentlich auch zwangsweise. 1896 als Sohn des Architekten Wilhelm Ritter von Doderer in Wien-Hadersdorf geboren, schon mit neunzehn Jahren k.u.k. Offizier, mit dreiundzwanzig Holzknecht in Sibirien, mit vierundzwanzig Druckereiarbeiter, mit fünfundzwanzig Student der historischen Wissenschaften, mit neunundzwanzig verfasste er seine ersten Bücher – durchwegs unbeachtete literarische Arbeiten. Doderer erwirbt den Doktortitel, ist den Balanceakt zwischen Wissenschaft und Journalismus leid. Der Zweite Weltkrieg zwingt ihn ohnedies in die Uniform eines Luftwaffenhauptmanns an der Ostfront. Über diese Zeit sagt er, da sei für ihn das Ende aller Illusionen gekommen. Und: »*Wir dürfen nicht davon schwärmen, was sein sollte, sondern müssen sehen, was ist. Gesinnungen sind eine moderne Form der Dummheit, sie verhindern die Verständigung über die einfachsten Dinge.*«

Mit der Zeit geriet Heimito von Doderer, wie so viele und so vieles in Wien, in Vergessenheit. Frustrierte Oberstudienräte versuchten uninteressierten Schülern die Strudelhofstiege wenigstens ansatzweise näherzubringen – ein von vornherein als aussichtslos einzuschätzender Versuch der österreichischen Schulbehörden. Doch regelmäßig zu den runden Geburts- und Todestagen Doderers erweckten zumeist wohlwollende Zeitungsartikel das Schaffen des berühmten Schriftstellers zu neuem Leben – bis 1996, als pünktlich zum hundertsten Geburts- und dreißigsten Todestag des Dichters sein ehemaliger Sekretär Wolfgang Fleischer eine Biografie auf den Markt knallte, die es in sich hatte.

Dazu muss man wissen, dass Fleischer als siebzehnjähriger Gymnasiast Doderer bei einer Lesung sozialistischer Studenten in Wien kennengelernt und dem Dichter später, das war 1963, das Angebot gemacht hatte, bei ihm für ein paar Stunden in der Woche als Helfer zu arbeiten. Doderer willigte ein – Korrespondenz erledigen, tratschen, abends ins Wirtshaus gehen. Da trafen die beiden öfters Helmut Qualtinger und Hans Weigel. Und Weigel brachte gelegentlich Schauspielgrößen wie Annemarie Düringer vom Burgtheater mit. Fleischer kam mit Doderer gut aus, es war eine angenehme Zusammenarbeit: *»Nur als ich einmal Robert Musil erwähnte, dessen Texte mir besser gefielen als seine, was ich ihm aber natürlich nicht sagte, da hat Doderer ganz bös das Gesicht verzogen und gemeint, Musil, den er einst im Kaffee Herrenhof getroffen hatte, habe eine hellgelbe Stimme gehabt wie eine verstopfte Trompete.«* Fleischer hat den Namen Musil in Doderers Gegenwart vorsichtshalber nicht mehr erwähnt.

Doderers Sekretär, er begleitete den Schriftsteller in seinen letzten drei Lebensjahren, erlebte einmal einen monumentalen Brüllanfall des Dichters. Das war, als Fleischer zaghaft um eine Erhöhung seines Honorars von fünfhundert auf fünfhundertfünfzig Schilling gebeten hatte: *»Da hat er fast eine Stunde lang ununterbrochen geschrien, ich dachte schon, er stirbt, weil er so einen roten Kopf vom Schreien bekommen hat. Er brüllte herum, über seine lange Armut und alles Mögliche.«* Fleischer wollte schon aufstehen und die Wohnung verlassen: *»Aber dann war es plötzlich aus, und er* *war still.*« Eine Woche später bekam Fleischer von Doderer sechshundert Schilling ausbezahlt.

In seinem Buch »*Das verleugnete Leben. Die Biographie des Heimito von Doderer*« sah sich Intimus Wolfgang Fleischer offenbar berufen, die bislang unbekannte Kehrseite der Legende Doderer aufzudecken. Eine Mühe, die wohl auch Fleischers bescheidenes Honorar aus der einstigen Zusammenarbeit mit dem Bestsellerautor nachträglich aufzubessern imstande war, denn die Doderer-Biografie verkaufte sich bestens. Und »Der Spiegel«, der den Wiener Schriftsteller 1957 noch entzückt auf den Thron der deutschsprachigen Romanliteratur gehoben hatte, zerrte ihn vier Jahrzehnte später nach Erscheinen der Publikation Fleischers ziemlich brüsk wieder herunter. Unter dem Vorspann »*Appetit auf dicke Damen, erotische Exzesse und brauner Bodensatz*« sah Spiegel-Autor Johannes Saltzwedel Doderer nunmehr vollends als braunen, voyeuristischen und perversen Lüstling, dessen 1962 erschienener Roman »*Die Merowinger*« die privaten Vorlieben Doderers offenbar zu bestätigen schien. Darin erzählt Doderer vom Potenzberserker Childerich III. von Bartenbruch, der serienweise Verwandte ehelicht und dadurch sein eigener Vorfahr wird. Am Ende steht die Entmannung des Unholds, Saltzwedel konstatierte darin den sadistischen Triumph Doderers über sich selbst.

Und meinte Wendelin Schmidt-Dengler, Germanistik-Ordinarius der Uni Wien und selbst Herausgeber verschiedener Doderer-Tagebücher, nach dem Erscheinen der Fleischer-Biografie amüsiert: »*Mir sind Doderers Laster lieber als die Tugenden seiner Kritiker*«, möge dieses Kapitel mit einem Lieblingssatz aus der Feder Doderers schließen: »*Was soll man hier noch sagen?*«

Kalt und heiß, laut und leis'
Wiener Kaffeehaus-Szenen und ein Mann mit Eigenschaften

Die Katastrophen in der ersten Hälfte des zwanzigsten Jahrhunderts, mit zwei Weltkriegen und (gewissermaßen in der österreichischen Verkleinerung) mit den militanten Auseinandersetzungen zwischen Bürgertum und Arbeiterschaft, veranlassten den Kulturpublizisten Milan Dubrovic, ehemals Chefredakteur der »Presse«, später Kulturattaché an der österreichischen Botschaft in Bonn, zu einer gewagten Analyse: Vor solch düsterem politischen und wirtschaftlichen Hintergrund, aber gerade dadurch hervorgerufen, hätten auf vielen Gebieten der Physik, der Medizin und der Technik epochale Erfindungen die Welt ins Positive verändert. Und die Kunst und die Geisteswissenschaften in ungeahnte Höhen getrieben.

In Österreich war es die Institution des Wiener Kaffeehauses, deren Stammgäste, fast durchwegs debattierfreudige Persönlichkeiten des künstlerischen und wissenschaftlichen Establishments, in der turbulenten Zwischenkriegszeit eine einsame Insel liberalen Geistes bildeten, unberührt von Hass und Feindschaft der starren politischen Eisenköpfe. Dubrovic, selbst Herrenhof-Bewohner, listete in seinem Buch »Veruntreute Geschichte« nicht weniger als 190 ständige Herrenhof-Besucher auf, darunter

Größen der Literatur wie Franz Werfel, Hermann Broch, Robert Musil, Heimito von Doderer, Anton Kuh, Leo Perutz, Alfred Polgar und viele andere. Und es war Polgar, der Formulierungskünstler, wer sonst, von dem der klassische Ausspruch stammt: *»Das Kaffeehaus ist der rechte Ort für Leute, die allein sein wollen, aber dazu Gesellschaft brauchen.«* Oder, ein anderer Klassiker: *»Kaffeehaus – nicht zu Hause und doch nicht an der frischen Luft.«* Und es gab in jedem Fall genügend Diskussionsstoff – je verworrener die aktuelle Lage, desto mehr Thesen und Antithesen, Lösungsansätze und Gegensätze schwirrten durch die rauchgeschwängerten Räume. Bald hatten die Wiener Kaffeehausgrößen die Welt durchschaut – ändern konnten sie sie freilich nicht.

Natürlich darf es nicht verwundern, dass angesichts solch literarischer Dichte der Anekdotenschatz aus der Kaffeehausszene unermesslich ist – und in Anbetracht ausschmückender Worte und des vorrangigen Willens zur brillanten Pointe mag nicht jede der von den Kaffeehaus-Literaten überlieferten Geschichten bis zum letzten Beistrich authentisch sein. Anders gesagt: Wiens beste Anekdoten sind wahr oder zumindest als wahr überliefert. Oder, wie weniger Wohlmeinende sagen: gut erfunden. Ob das einen Unterschied ausmacht? Ich halte es da eher mit Helmut Qualtinger: *»Ein bissl was is schon dran wahr.«*

Es wurde in den Literaten-Cafés aber nicht nur diskutiert, es wurden auch Freundschaften geschlossen und Feindschaften gepflegt. Und wie sie gepflegt wurden – mit Geistesschärfe, Schlagfertigkeit und oft auch jenseits ausgeprägten Taktgefühls. Anton Kuh, bissiger und boshafter Humorist, veröffentlichte Anfang der dreißiger Jahre eine

Robert Musil und Ehefrau Martha: Nicht bereit, einen Geldbetrag zu akzeptieren, der einem Almosen gleichkam.

Stallburggasse 2 – an dieser Adresse in Wien wohnten einst die Operndiva
Maria Jeritza, der Schriftsteller Alfred Polgar, Engelbert Dollfuß, Bundeskanzler der Ersten Republik, und später der Dichter Thomas Bernhard.

Sprüchesammlung, in der er mit spitzer Feder die berühmte Herrenhof-Kundschaft karikierte.

Über Franz Werfel, den seine (nicht nur) publicitygeile Frau Alma Mahler-Werfel in eine erfolgreiche Schriftsteller-Karriere presste: »*Seht ihn an: Ausgefressen vor Berühmtheit. Er nimmt von jedem Essay, das über ihn erscheint, zwei Pfund zu.*«

Über den bekannten ungarischen Dramatiker Ladislaus Bus-Fekete: »*Er sieht aus wie eine Kreuzung aus dem Polizeipräsidenten von Budapest mit einem, den er sucht.*«

Und über den Chefredakteur der Zeitschrift »Querschnitt«, Victor Wittner: »*Er trägt seinen Kopf stolz wie einen Hut. Säße ich im Theater hinter ihm, würde ich zu ihm sagen: ‚Bitte legen Sie den Kopf ab!‘*«

Gina Kaus, die umstrittene österreichische Schriftstellerin, beschrieb in ihren Memoiren »Was für ein Leben…« ihr Dasein im »Herrenhof« und brachte ebenfalls bemerkenswert Giftiges zu Papier: »*Wir kamen oft nach dem Mittagessen zum schwarzen Kaffee. Robert Musil wurde immer von seiner hässlichen Frau begleitet. Er war ein schweigsamer Mann.*«

Anders als Musil, dessen erster Roman »Die Verwirrungen des Zöglings Törleß« bei den Kritikern und Lesern bereits damals Beachtung fand, hatte der Schriftsteller Hermann Broch zu dieser Zeit noch keine einzige Zeile veröffentlicht, gehörte aber auch schon zu den Stammgästen des »Herrenhof«. Brochs Bruder fragte ihn einmal, warum er denn täglich in dieses Kaffeehaus ginge. Broch antwortete: »*Weil die Leute dort so gescheit sind*«. Da ging auch der Bruder ins »Herrenhof«. Als er Frau Musil im Lokal zu Gesicht bekam, sagte er: »*So gescheit können die Leute hier gar nicht sein, dass ich da nochmals hingehe.*« Kehrte um und kam nie wieder.

Wirklich angekommen war auch Robert Musil damals noch nicht, er galt bestenfalls als Geheimtipp unter Kennern. In der zeitgenössischen Literaturgeschichte wurde er gar nicht oder nur in der letzten Zeile genannt – nach ausführlichen Beschreibungen österreichischer Schriftsteller wie Stefan Zweig, Arthur Schnitzler oder Hugo von Hofmannsthal schien der Name Robert Musil lediglich in der Rubrik »*Weitere österreichische Autoren*« auf. In klein gehaltener Schrift, leicht zu überlesen. Musil glaubte sich übergangen, es erschienen in den Feuilleton-Ressorts der tonangebenden Wiener Zeitungen »Neues Wiener Journal« und »Neues Wiener Tagblatt« keine Beiträge über ihn, den linksliberalen Romancier. Verbittert zog er sich zurück, er fühlte sich unterschätzt und verkannt. Seine Distanz zu den Meinungsmachern der Literaturkritik wurde ihm als Arroganz ausgelegt.

Musil arbeitete damals verbissen an seinem Roman »Der Mann ohne Eigenschaften«, dessen Bedeutung für die Weltliteratur erst viel später von Lesern und Kritikern erkannt und gewürdigt wurde. Auch die maßgebenden literarischen Salons der Wiener Gesellschaft, von Alma Mahler-Werfel bis Berta Zuckerkandl, blieben für Musil verschlossen. Langsam schlitterte der Schriftsteller auch ins finanzielle Chaos, Vorschüsse seines Verlegers Rowohlt und gelegentliche Sammelaktionen einiger Freunde aus dem Herrenhof-Kreis, von Musils Ehefrau Martha mit viel Geschick und Nachdruck organisiert, reichten nicht aus, um ihm eine sorgenfreie Existenz zu ermöglichen. Robert Musil nahm das Mäzenatentum als selbstverständlich hin, er strebte eine vorläufige Dauerrente an, die von wohlhabenden Freunden finanziert werden und dem Autor die konzentrierte Arbeit an seinem »Mann ohne Eigenschaften« ermöglichen sollte. Musil wohnte mit Ehefrau Martha in der Rasumofskygasse 20 im dritten Bezirk in Wien.

Tatsächlich gelang es dem vorhin erwähnten Publizisten Milan Dubrovic, aus dem Freundeskreis des Herrenhof-Gastes Ernst Polak zahlungskräftige Spender zusammenzubringen, die gewillt waren, für den Lebensunterhalt der Musils zu sorgen. Gedacht war an einen Betrag von monatlich vierhundert Schilling, garantiert für zumindest ein Jahr, das hatte man Musil hoffnungsfroh in Aussicht gestellt. Die Finanziers, vorwiegend Ärzte und Rechtsanwälte, sollten anonym bleiben. Als Milan Dubrovic nach der Sammelaktion Kassasturz machte, war die Enttäuschung groß: Es kam nur ein Betrag für monatlich 280 Schilling zusammen.

Mit zittrigen Knien stieg Dubrovic die Stockwerke in der Rasumofskygasse hinauf, um Robert Musil die unfrohe Botschaft zu überbringen. Martha begleitete ihn ins Arbeitszimmer des Dichters. Dubrovic schrieb in seinen Erinnerungen: *»Auf der riesigen Fläche des langgestreckten, kaum überblickbaren Schreibtisches herrschte penibelste Ordnung. Bücher mit heraushängenden Lesezeichen, Mappen, Hefte, Manuskripte, Notizblock, Schere, Federhalter, haarfein gespitzte Bleistifte, alles pedantisch in Reih und Glied parat liegend. Man fühlte sich an den Manöverplan eines Generalstabsoffiziers erinnert.«*

Dubrovic nahm an Musils Tisch Platz und musste die gescheiterte finanzielle Hilfsaktion eingestehen. Schüchtern und in holprigen Sätzen begann er zu sprechen: *»Bitte verstehen Sie, Herr Musil, dass es in schweren Zeiten nicht leicht ist, so viele Gönner zu finden, noch dazu für eine Dauerrente. Der Betrag, den wir dennoch zusammengebracht haben, ent-*

spricht zwar nicht unseren Vorstellungen, er liegt jedoch höher als das Existenzminimum. Wir hoffen…«

Da fiel Musil seinem Förderer Dubrovic energisch ins Wort: *»Ich bin nicht bereit, einen Betrag zu akzeptieren, der einem Almosen gleicht.«* Musil verweigerte die Spende. Der Klub der Gönner war wenig erfreut, immerhin bekamen die beleidigten Einzahler ihr Geld zurück.

Einige Jahre später, 1933, schaffte es Martha Musil auf Betreiben des Bankiers Alfred Ehrenfeld und seiner literarisch interessierten Ehefrau Stella dann doch, über eine neu gegründete Musil-Gesellschaft und reiche Mäzene die materiellen Voraussetzungen dafür zu schaffen, dass der Schriftsteller an seinem Hauptwerk »Der Mann ohne Eigenschaften« halbwegs fern aller finanziellen Sorgen weiterschreiben konnte. Martha fasste ihre Ansprüche in präzise Worte: große Wohnung mit entsprechend komfortabler Ausstattung, gepflegte Einrichtung, Telefonanlage. Auf die zarte Anregung eines Gönners, ob es nicht vielleicht klüger wäre, ein billigeres Telefon zu installieren, um Kosten zu sparen, geriet Martha Musil dermaßen in Rage, dass danach keiner der anwesenden Sponsoren auch nur ansatzweise einen weiteren Vorschlag für mögliche Einsparungen wagte. Der spätere Weltliterat Robert Musil, daran konnte sich die Bankiersgattin und Musil-Unterstützerin Stella Ehrenfeld noch fünfzig Jahre später erinnern, saß, während seine Ehefrau Martha tobte, *»still und blass in einer Ecke wie ein Hofrat aus dem Unterrichtsministerium«*. Und 1983 schrieb Stella Ehrenfeld an Milan Dubrovic, ihren Freund aus alten Tagen, einen Brief: *»Mir war das damals alles furchtbar peinlich.«*

Auch der Sprachkünstler Alfred Polgar bezog wie damals die meisten Journalisten und Schriftsteller in Wien kein besonders hohes Einkommen. Dennoch wohnte er in einem feudalen Atelier in der Stallburggasse in der Wiener Innenstadt. Polgars aufwändiger Lebensstil war mit den kärglichen Honoraren, die für Zeitungsartikel und Theatertexte gezahlt wurden, kaum in Einklang zu bringen. Er war exquisit gekleidet, seine Anzüge stammten aus dem teuersten Schneidersalon Wiens, sein penibles Äußeres war vergleichbar mit seiner eleganten Prosa. Anton Kuh, ebenfalls Stammgast im »Herrenhof«, spöttelte, wenn die Rede auf Polgar kam: »*Er sieht nicht aus wie ein englischer Lord, sondern wie der Besitzer eines Herrenmodegeschäftes am Graben, der sich bemüht, wie ein englischer Lord auszuschauen.*«

Polgar häufte dementsprechend stets größere Summen Schulden an, hatte aber, neben Freunden, die mit kleineren Beiträgen aushalfen, einen prominenten Mäzen, der immer wieder bereit war, ihn großzügig zu unterstützen: Franz Molnár, ungarischer Theaterschriftsteller und ebenfalls Stammgast in den Kaffeehäusern der Wiener Herrengasse. Polgar hatte Molnárs Vorstadtdrama »Liliom« sprachlich dermaßen genial ins Wienerische übertragen, dass das Stück ein gigantischer Bühnenerfolg wurde und von Wien aus die Bühnen der ganzen Welt eroberte – bis hin zum Broadway. Nun war es aber so, dass Molnár seinen Übersetzer Polgar mit einer schmalen Einmalzahlung abgefunden hatte, er selbst aber mit den Tantiemen für das Stück über viele Jahre ein Vermögen verdiente. Molnárs Unterstützung für Polgar war ein freiwilliges Dankeschön – und eine große menschliche Geste. Polgar, der Sprachakrobat, schrieb selbst lediglich kurze Glossen und Feuilletons, er war ein

Meister der kleinen Form. Auf einen großen Roman Polgars wartete sein Verleger Ernst Rowohlt vergeblich. Franz Molnár konnte es sich deshalb nicht verkneifen, in Richtung seines Freundes zu sticheln: *»Der Polgar ist wie ein Läufer, der einen Weltrekord im Fünfmeterlauf hält.«*

In dem Eckhaus Bräunerstraße 9/Stallburggasse 2 logierten außer Polgar übrigens auch Hugo von Hofmannsthal, die Operndiva Maria Jeritza, der Bundeskanzler Engelbert Dollfuß und in späteren Jahren Thomas Bernhard. Wenn die Jeritza, begleitet von einer begeisterten Anhängerschar, unter stürmischen Akklamationen nach einer Opernvorstellung ihr Wohnhaus betrat, öffnete Dollfuß, keineswegs allseits beliebter Kanzler der Ersten Republik, gelegentlich das Fenster und sah auf die Straße hinunter – in der irrigen Meinung, der Applaus gelte ihm. Er wurde immer wieder enttäuscht: Die Leute jubelten nicht ihm, sondern Maria Jeritza zu.

Zu den ständigen Besuchern des Café Herrenhof gehörte auch Friedrich Strindberg, Journalist und urkundlich nachgewiesener Sohn des Dramatikers August Strindberg, der eine Zeit lang mit einer Österreicherin verheiratet war. Dass der berühmte August Strindberg vielleicht nicht der leibliche Vater des jungen Mannes sein könnte, darüber wurde an den Kaffeehaustischen schon längere Zeit getuschelt. Es fiel auf, dass immer, wenn die Herrenhof-Runde auf den großen Dramatiker zu sprechen kam, Strindberg Junior seltsam entrückt das Thema wechselte. Zu fortgeschrittener Stunde plauderte er dann aber doch einmal aus, dass nicht der Dichter August Strindberg, sondern der Dichter Frank Wedekind sein Vater sei. Seine

Mutter, sie bevorzugte offenbar Dramatiker, habe ihm das anvertraut.

Als zwei Kaffeehäusler Wochen später einmal rätselten, ob der junge Strindberg äußerlich eher Frank Wedekind oder doch dem alten Strindberg gleiche, mischte sich Anton Kuh vorlaut ins Gespräch: *»Ihr wollt wissen, wem der Friedrich Strindberg ähnlich sieht? Ich meine: Er ist ganz die Mama.«*

Zurück zu Robert Musil. Es wäre ungerecht, ihn und seine Ehefrau Martha lediglich in Anekdoten abzufeiern. Musil war ein Schriftsteller, der Weltliteratur schuf, der beharrlich, unter Vernachlässigung von Lebensqualität und finanzieller Absicherung, an seinem Giganten-Roman *»Der Mann ohne Eigenschaften«* arbeitete, und dies Jahrzehnte lang. Zwar prophezeite Thomas Mann schon im Juni 1939: *»Es gibt keinen anderen lebenden deutschen Schriftsteller, dessen Nachruhm mir so gewiss ist.«* Dieser Nachruhm ließ freilich auf sich warten, und Musil hat ihn nicht mehr erlebt.

1930 und 1933 hatte der Verleger Ernst Rowohlt die Bände eins und zwei in den Handel gebracht, und die Buchkritik verglich den Wiener Autor schon damals mit literarischen Größen wie Marcel Proust oder James Joyce. Die geplante Fortsetzung zog der kompromisslos selbstkritische, unendlich akribische Musil zum Entsetzen Rowohlts zurück, obwohl sie bereits in Satzfahnen vorlag. Rowohlt hatte den Schriftsteller zwischenzeitlich finanziell unterstützt, um dessen wirtschaftliche Not wenigstens einigermaßen zu mildern.

Dazu gibt es die bemerkenswerte Geschichte, wie Musil im Berliner Rowohlt-Büro seinem Verleger das Manuskript des Romans übergeben wollte. Erzählt hat sie Jahre später der Schriftsteller Ernst von Salomon, damals ebenfalls Rowohlt-Autor und zufällig anwesend, als Robert Musil mit einem riesigen Koffer vor der Tür stand. Der Koffer enthielt freilich nicht das persönliche Reisegut des Schriftstellers, sondern das Manuskript seines Werkes, von dem im Verlag schon lange die Rede war, das aber lediglich als Gerücht im Raum stand – niemand hatte bis dahin auch nur eine einzige Zeile gesehen. Und die Zeit drängte. Neugierig warf Salomon einen Blick in den Koffer. Darin befand sich, so Salomon, »*ein Gewirr von Papierseiten und Zetteln, und es war mir klar, dass der Roman noch lange nicht fertig ist*«.

Dann begann Musil seinem Verleger vorzulesen. Immer wieder unterbrach er den Vortrag, ging zu seinem Koffer, kramte in dem Papierwust, suchte, fand aber nicht gleich die nächste Seite, holte neue Zettel heraus und las weiter. Ernst Rowohlt wurde langsam ungehalten, weil er angesichts des Zettel-Chaos zur Ansicht kam, dass der Roman in absehbarer Zeit nicht erscheinen würde. Und er gab Musil zu verstehen, dass es so nicht weitergehen könne. Daraufhin erklärte Musil, dass, wenn auch Rowohlt ihn im Stiche ließe, er sich erschießen müsse. Das ist glücklicherweise zwar nicht geschehen, aber die lange Schreibabstinenz ließ Robert Musil und dessen literarisches Ansehen in der Öffentlichkeit und bei der Kulturkritik merklich in Vergessenheit geraten.

1938, nach dem Anschluss Österreichs, emigrieren die Musils in die Schweiz, wo der Schriftsteller unermüdlich und verbittert an seinen Romanfragmenten und Tagebuchreflexionen schreibt, sie verwirft, neu schreibt und wieder verwirft. Am 15. April 1942 stirbt Robert Musil plötzlich an einem Gehirnschlag, er arbeitete an diesem Tag gerade am Buchkapitel »*Atemzüge eines Sommertages*«, und kurz vor seinem Tod hatte er noch in einem dünnen blauen Heft, penibel wie er war, notiert, dass er um 9.20 Uhr und um 11.00 Uhr die ersten beiden Zigaretten seines auf sechs Glimmstängel reduzierten Tagespensums geraucht habe, das ihm der Arzt aus gesundheitlichen Gründen (und gegen Musils ausdrücklichen Willen) verordnet hatte.

1943 erschien ein dritter Teil des Musil'schen Roman-Torsos, den Musils Ehefrau Martha in aller Eile aus dem Nachlass zusammengetragen hatte. Ein Feuilletonist der Londoner »Times« schrieb 1949: »*Robert Musil, der bedeutendste deutsch schreibende Romancier dieser Jahrhunderthälfte, ist einer der unbekanntesten Schriftsteller unseres Zeitalters.*« Kurz nach Marthas Tod, ebenfalls 1949, einigten sich die Musil-Erben mit dem Rowohlt-Verlag auf die Publikation des Gesamtwerkes, der frühere Germanistik-Student, Musil-Verehrer und Korrespondenz-Partner Adolf Frisé, mittlerweile zum Doktor der Philosophie promoviert, übernahm die Herausgeberschaft – eine Mammutaufgabe, wie sich bald herausstellen sollte.

1952 kam bei Rowohlt dann endlich »*Der Mann ohne Eigenschaften*« heraus, dreiteilig, von Frisé neu bearbeitet, ergänzt um fünfzig weitere Kapitel aus dem Nachlass: der mit 1700 Seiten dickste und mit einem Verkaufspreis von 38 Mark teuerste Roman, der in Deutschland bis dahin erschienen war. Tausende weitere unbearbeitete Seiten warteten noch auf Sichtung und Lektorat durch Frisé.

Im August 1955 war die erste Auflage vergriffen, und Ernst Rowohlt war schon wieder wütend. Diesmal nicht so wie damals auf Robert Musil, weil dieser sein Manuskript nicht abgeliefert hatte, sondern auf seine Verlagsmanager, weil sie es verabsäumt hatten, rechtzeitig nachdrucken zu lassen.

Die legendenumwobene Wiener Kaffeehauskultur begann Ende des 19. Jahrhunderts im »Griensteidl«, dem Literatencafé am Michaelerplatz, das Schriftsteller wie Hermann Bahr, Hugo von Hofmannsthal, Felix Salten oder Arthur Schnitzler zu seinen Stammgästen zählte. In den ersten eineinhalb Jahrzehnten des 20. Jahrhunderts, nachdem das »Griensteidl« abgerissen war, fanden Peter Altenberg, Egon Friedell, Oskar Kokoschka und Anton Kuh, um wieder nur einige zu nennen, im »Café Central« in der Herrengasse ihre Heimat. Nach Ende des Ersten Weltkriegs öffnete ein paar Meter weiter das »Café Herrenhof« seine Tore. Es war ein großzügiges Etablissement, im Jugendstil möbliert, und die in Wien angesiedelten jungen Intellektuellen, aufstrebende und zumeist mittellose Künstler und Studenten, bevölkerten, kaum, dass die Eröffnung erfolgt war, das neue Café. Die meisten von ihnen waren aus dem benachbarten »Central« herübergekommen, darunter Robert Musil, Friedrich Torberg, Heimito von Doderer und Josef Roth. *»Nur die Mumien sind im Central verblieben«*, stichelte Anton Kuh, der wortwitzige Brunnenvergifter.

In einem zur Wallnerstraße gerichteten Hinterzimmer des »Herrenhof«, räumlich getrennt vom Biotop der Denker und Schöpfer, spielten reiche Industrielle, Bankdirektoren und andere finanziell Sorgenfreie Bridge. Milan Dubrovic schrieb: *»Hatte einer beim Kartenspiel eine größere Summe gewonnen, konnte es schon vorkommen, dass er den Gewinn dem Kellner mit der Bemerkung übergab, er möge das Geld den armen Schnorrern da vorne im Kaffeehaus geben, damit sich jeder von ihnen ein paar Würstel kaufen kann.«* Einer der großzügigsten Herrenhof-Mäzene war ein wohlhabender

Direktor aus der Textilbranche namens Kreisky – der Vater des späteren Bundeskanzlers Bruno Kreisky.

In den zwanziger Jahren verschlug es dann etliche Wiener Kaffeehausliteraten nach Berlin und dort ins »Romanische Café«, einer so gar nicht preußisch anmutenden Dependance der Wiener Kaffeehäuser. Viele Künstler erhofften sich damals im aufstrebenden Deutschland bessere wirtschaftliche Bedingungen für ihr finanzielles Überleben. Mit der Machtergreifung Hitlers 1933 aber mussten einige der vorwiegend jüdischen Künstler wieder nach Wien und ins »Herrenhof« umsiedeln, wo sie 1938, nachdem Hitler auch Österreich vereinnahmt hatte, mit den in Wien verbliebenen endgültig das Schicksal der Emigration teilten. Und nicht alle, die in den dreißiger Jahren vertrieben wurden, kehrten nach Ende des Zweiten Weltkriegs nach Wien zurück. Entweder weil sie das nicht wollten – oder weil sie gar nicht mehr am Leben waren. Die Unmenschlichkeit des Nazi-Regimes hatte auch den Großteil der Wiener Kaffeehauskultur und ihrer Protagonisten ausgelöscht. Das Café Herrenhof, räumlich und in seiner Bedeutung kastriert, siechte noch etliche Jahre dahin, ehe es 1961 endgültig zusperrte.

Mittlerweile hat die deutsche Hotelkette *»Steigenberger«* das Haus in der Herrengasse in ein Viersterne-Hotel verwandelt, der große hintere Bereich des ehemaligen Kaffeehauses wurde zum Frühstücksraum umfunktioniert, der vordere Teil, oder was davon übriggeblieben ist, zum Speisesaal. Dort hängen, kleine Andenken an eine verwehte Zeit, Fotobilder an der Wand, sie zeigen den Publizisten Milan Dubrovic mit seinen Literatenfreunden von damals. Und weil dann für einige Zeit die österreichische Fußballnationalmannschaft unter ihrem Schweizer Trainer Marcel

Koller jedes Mal vor einem Länderspiel im Steigenberger-Hotel nächtigte, verzehrten die heimischen Kicker ihr Frühstückskipferl genau dort, wo sich einst der Sammelpunkt des intellektuellen Lebens in Wien befunden hatte – Arnautovic statt Dubrovic, Alaba statt Polgar. Der Lauf der Zeit ist nicht aufzuhalten.

Im März 2017 kündigte Marcel Koller übrigens die Vereinbarung mit Steigenberger und entschied sich für ein anderes Hotel – um frischen Schwung ins Team zu bringen, wie die österreichische Mannschaftsführung bekanntgab. Koller machte offenbar auch das Quartier für die schlechten Leistungen der Fußballer verantwortlich. Womit bewiesen scheint, dass auch Schweizer Humor besitzen.

Wer von den alten Wiener Kaffeehäusern spricht, darf nicht vergessen, die Historie ihrer Oberkellner wenigstens zu streifen. Das bis heute in Wien vielfach gebrauchte »Herr Ober« ist übrigens die Kurzfassung des Wortes »Oberkellner«. Und diese Oberkellner waren Menschen, die nicht einfach nur einen Job machten wie viele andere Berufstätige auch, sondern sie waren Ratgeber, Seelenheiler, Moderatoren und bisweilen auch Vorfinanziers ihrer oft zahlungsschwachen Stammkundschaft. Von Peter Altenberg stammen die Aphorismen: »*Du stehst innerlich vor dem Selbstmord – Kaffeehaus! Du hast Sorgen, sei es diese, sei es jene – Kaffeehaus! Du findest keine, die dir passt – Kaffeehaus! Man kreditiert dir nirgends mehr – Kaffeehaus!*« Wiens Oberkellner zählten zur Elite ihres Berufes und benahmen sich, wie der Chronist Dubrovic es beschrieb, eigentlich eher »*wie Kammerdiener aus einem Lustspiel von Hofmannsthal*«. Einem von

Ihnen, dem Herrn Hnatek, hat Friedrich Torberg 1958 in einem berührenden Nachruf ein Denkmal gesetzt (»*Requiem für einen Oberkellner*«), und eine Anekdote, die sich als Fixstern in der Kaffeehausliteratur findet, ist nicht erfunden, sondern mit ziemlicher Sicherheit wahr: Als bei Kriegsende ein Stammgast des »Herrenhof« nach sieben Jahren Abwesenheit aus der Emigration zurückkam und im noch etwas ramponierten Lokal Platz nahm, kam der alte Oberkellner, ohne ein weiteres Wort zu verlieren, an seinen Tisch und sagte: »*Der Herr, nehm ich an, kriegen wie immer einen Einspänner und zwei Glas Wasser.*«

Aber nicht alles, was Anekdote ist, ist auch wahr: Die von Hans Weigel verbreitete und dem Außenminister der Monarchie, einem Grafen Czernin, in den Mund gelegte Äußerung über den russischen Revoluzzer Trotzki anlässlich des Ausbruchs der Revolution 1917 wurde Czernin offenbar fälschlich zugeschrieben. Es befindet sich in Wien übrigens noch eine andere Version der Trotzki-Anekdote im Umlauf – etwa, dass das Trotzki-Bonmot von einem früheren Außenminister der Monarchie, nämlich dem Grafen Leopold von Berchtold, stamme, was ebenfalls, und zwar historisch, falsch ist, denn zum Zeitpunkt der Revolution 1917 war nicht Berchtold, sondern Czernin Außenminister.

Aber jetzt der Reihe nach: In den letzten Jahren vor Ausbruch des ersten Weltkrieges erschien der russische Emigrant Trotzki, der damals noch Bronstein hieß und oft stundenlang im »Central« beim Schachspiel anzutreffen war, nur noch selten im Kaffeehaus. Soweit ist alles korrekt überliefert.

Geduldige Touristen stehen Schlange: das Café Central in der Wiener Herrengasse als erfolgreiches Geschäftsmodell.

Wiener Skurrilität: Damit auch wirklich alle ins „Central" finden, klebte jahrelang, fünfzig Meter vor dem Kaffeehaus, an der Scheibe einer Blumenhandlung ein Papierl mit handgeschriebenem Text.

Als dann in Russland die Revolution ausbrach, habe ein hoher Beamter, so die gängige Legende, den Außenminister Czernin angerufen und ihm aufgeregt mitgeteilt: »*Exzellenz, in Russland ist Revolution!*« Darauf habe Graf Czernin scherzhaft geantwortet: »*Gehen S', wer soll denn in Russland Revolution machen? Vielleicht der Herr Trotzki aus dem Café Central?*« Ein doppelter Irrtum: Trotzki war, was niemand ernstlich geglaubt hatte, tatsächlich an der Revolution beteiligt, die Anekdote muss jedoch trotzdem umgeschrieben werden: Es war nämlich nicht der Minister Ottokar Czernin, sondern der Oberkellner Johann Czerny, der, als er vom Ausbruch der Revolution erfuhr, wörtlich rief: »*Der Rädelsführer ist vielleicht der Bronstein aus dem Schachzimmer!*« Der Schriftsteller Milan Dubrovic war der unbestechliche Zeuge dieser Kaffeehausszene, die Ähnlichkeit der Namen (Czernin, Czerny) hatte offenbar zur Verwirrung beigetragen und der witzigen Geschichte Flügel verliehen.

Ein aufmerksamer Wiener Kellner, so die Legende, sei im Juli 1934 auch entscheidend daran beteiligt gewesen, dass der von den Nazis geplante Putsch zumindest in seinem politischen Anliegen scheiterte. Einer der Beteiligten an der Aktion, der Kriminalbezirksinspektor Rotter, illegaler Nazi und Verbindungsmann der Putschisten zur Polizei, habe im Café Eiles in der Josefstadt kurz nach 13 Uhr auf den Anruf seines Komplizen Franz Holzweber gewartet. Rotters Deckname war »Herr Kunze«. Als nun der entscheidende Telefonanruf kam und ein Herr Kunze verlangt wurde, habe der Kellner einen flüchtigen Blick ins nahezu leere Lokal geworfen, an dem einen Tisch zwei junge Leute, an einem anderen mehrere ältere Damen beim Kaffeeplau-

Ein aufmerksamer Kellner des Café Eiles ließ den Nazi-Putsch 1934 scheitern. So will es zumindest die Legende wissen.

scherl und eben den Kriminalinspektor Rotter erblickt, den er natürlich unter seinem richtigen Namen kannte – aber keinen, der ein »Herr Kunze« hätte sein können. Und er habe den Anrufer freundlich wissen lassen: »*Tut mir leid, ein Herr Kunze ist nicht hier.*« Damit sei das Vorhaben der Putschisten ins Stocken geraten, der Zeitplan über den Haufen geworfen und die Exekutive vorgewarnt worden. Die Verschwörung scheiterte jedenfalls.

Die Anekdote wurde übrigens von Friedrich Torberg seinerzeit etwas anders erzählt: Der Deckname des Putschisten, eines angeblichen Ex-Ministers, der von Dollfuß entlassen worden war, sei »Doktor Zimmermann« gewesen. Kaffeehaus und Anrufer kannte oder nannte Torberg nicht

– geblieben ist die Story vom aufmerksamen Kellner, der, falls Torbergs Darstellung in diesem Fall richtig ist, zur Geschichte der Ersten Republik tatsächlich seinen Teil beigetragen hat.

Immerhin scheinen einige Fakten gemäß den Aufzeichnungen des Kriminalbezirksinspektors Rotters erwiesen: Er, Rotter, erwartete an jenem Tag im Juli 1934 nicht lange nach 13 Uhr einen Anruf des Komplizen Holzweber, der nicht kam. Holzweber, das geht aus den Unterlagen des Wiener Historikers Kurt Bauer hervor, sei entsetzt gewesen, dass er Rotter nicht erreichen konnte. Bauer muss allerdings den Beweis offenlassen, ob Rotter zu dem Zeitpunkt überhaupt im »Eiles« anwesend war – oder gar nicht (mehr) dort. Und fragt sich, wenn Rotter tatsächlich im Kaffeehaus gewartet habe, warum ihn Holzweber dann nicht erreichen konnte.

Vielleicht wirklich nur deshalb, weil der Oberkellner im Café Eiles ein solcher Blitzgneißer war? Manchmal schließen sogar Anekdoten, ob wahr oder nicht, kleine Lücken in der Geschichtsschreibung.

Zurück ins »Central« Anfang des zwanzigsten Jahrhunderts, wo außer Trotzki noch ein weiterer russischer Emigrant anzutreffen war: Fürst Kyra Troubetzkoi. Als reich bezeichnete er sich nicht, er war nur ein kleiner Bankangestellter, trotzdem besaß er einen sündteuren Bugatti, schon damals selbst für Wohlhabende das unerschwingliche Nonplusultra unter den Sportwagen. Troubetzkoi bestritt mit dem Wagen sogar Wettbewerbe, und wie es bei hochkarätigen Fahrzeugen halt so ist – der Bugatti litt öfters an Defekten. Gemeinsam mit seinen Rennfahrer-Freunden suchte

Troubetzkoi immer wieder die Austro-Daimler-Werkstatt in Wiener Neustadt auf, denn einen Bugatti-Betrieb gab es im ganzen Land nicht. Nur ein einziger Mechaniker kannte sich beim Bugatti aus, Troubetzkoi verwöhnte ihn nach erfolgreicher Arbeit kräftig mit Trinkgeld, aber am meisten freute sich der Schrauber, wenn ihm der Fürst eine Flasche echten Sliwowitz schenkte. Der Mechaniker hieß Josip Broz – es war der spätere jugoslawische Staatspräsident Marschall Tito. Josips fast amerikanische Karriere: Vom Zangler zum Präsidenten.

Nach der Übersiedlung der angestammten Klientel ins Café Herrenhof nach Ende des ersten Weltkriegs dümpelte das »Central« noch zweieinhalb Jahrzehnte dahin, ehe es 1943 geschlossen wurde. Noch Ende der siebziger Jahre beklagte Hans Weigel, dass *»uns das Central, Urbild und Krone aller Wiener Kaffeehäuser, aus blinden Fenstern entgegengähnt«*. Mit Geldern des damaligen Billa-Eigentümers Karl Wlaschek wurde das Palais Ferstel 1982 revitalisiert und das »Central« wiedereröffnet, ab 1986 dann das Kaffeehaus in die große Säulenhalle transferiert. Geniale Marketingzüge ließen es zur Goldgrube werden: Fernsehintendant Ernst Wolfram Marboe erfand 1982 die TV-Sendung »Café Central«, in der Kulturschaffende geistreiche (und manchmal weniger geistreiche) Diskussionen führten, Peter Altenberg sitzt als Pappmaché-Figur hinter dem Eingang (oder ist's doch nicht Pappmaché? Auskunft der Central-Geschäftsleitung: *»Wir wissen wirklich nicht, was im Altenberg drinnen steckt.«*), und 480.000 Touristen aus Japan, Korea und dem Rest der Welt schließen auf diese Weise Freundschaft mit der Wiener Kaffeehauskultur.

An guten Tagen stehen die Wien-Besucher geduldig Schlange bis über die angrenzende Strauchgasse hinaus, obwohl im Kaffeehaus gar nichts verschenkt wird. Nicht einmal der Kaffee. 300.000 Mehlspeisen, Apfelstrudel ist der Bestseller, und 320.000 Schalen Kaffee werden jährlich verzehrt.

Und als der Redakteur einer Wiener Tageszeitung anlässlich der 140-Jahr-Feier des »Central« die Jubelmeldung »*70 Prozent der jährlich 480.000 Gäste kommen aus dem In- und Ausland*« via Internet verbreitete, postete ein aufmerksamer User: »*Und woher kommen die übrigen? Vom Mond?*«

Die Schreiber in Wien waren immer schon schlampige Genies. Peter Altenberg hätte seine Freude mit ihnen gehabt.

Berlin war damals so etwas wie das Zauberwort für deutschsprachige Künstler und versammelte ab Mitte der zwanziger Jahre folglich auch viele Wiener Schöngeister im »Romanischen Café«, dem Gegenstück zum »Herrenhof« in Wien. Die Chance, von Zeitungen und Verlagen Aufträge zu bekommen oder als Maler gewürdigt zu werden, schien im Deutschland der Zwanziger unvergleichlich größer als in der finanziell ausgebluteten ehemaligen Hauptstadt der Monarchie. Und so wie in Wien das »Herrenhof« nach Ende des Ersten Weltkriegs das »Central« als künstlerischen und intellektuellen Mittelpunkt der Szene abgelöst hatte, passierte spiegelgleich Ähnliches in Berlin, als die ehemaligen Bewohner des »Café des Westens«, im Volksmund »Café Größenwahn« genannt, ins »Romanische« übersiedelten.

Ein Chronist aus Berlin beschrieb die damaligen Verhältnisse so: »*Ein normaler Bürger geht ins Kaffeehaus, um*

Kaffee zu trinken und Kuchen zu essen. Die Besucher des ›Romanischen‹ aber kommen hierher, um zu arbeiten. Die Dichter und Schriftsteller unter ihnen ziehen sich trotz lärmender Umgebung in ihr geistiges Schneckenhaus zurück und tun so, als ob sie an einem einsamen Schreibtisch säßen, um unsterbliche Werke zu schaffen.« Franz Molnár, Ödön von Horváth und Kurt Tucholsky beispielsweise gehörten zu den Etablierten, sie besiedelten die deshalb so genannte Schwimmerabteilung links der Eingangstür des Kaffeehauses. Auch weniger Arrivierte hatten dort ihren Stammplatz, Voraussetzung war aber, dass sie zumindest ihren Kaffee selbst bezahlen konnten.

Die Nichtschwimmerabteilung auf der anderen Seite des Lokals wurde von den Mittellosen bevölkert, einer Abteilung angehender Künstler, die noch nicht im Establishment angekommen waren und mehrheitlich auch nicht den Eindruck erweckten, es in naher Zukunft dorthin zu schaffen. Die Pikanterie war, dass die Toiletten im »Romanischen« am Ende des Nichtschwimmerabteils lagen und die das WC aufsuchenden Schwimmer, also die Wohlhabenden, beim Durchqueren der Nichtschwimmerabteilung permanent Gefahr liefen, angeschnorrt zu werden.

Ein kleiner, kränklich aussehender Mann sprach vor der Klotür den damals in Berlin als Journalisten tätigen späteren Starregisseur Géza von Cziffra an: »Sie sind doch der bekannte Redakteur. Geben Sie mir fünfzig Pfennig!« Der Ton des kleinen Mannes klang energisch, fast unfreundlich. Cziffra nahm es mit Humor und fragte den Unbekannten, ob er mit ihm einen Kaffee trinken möchte. »Im Gegenteil«, sagte der, »bitte geben Sie mir das Geld schnell, sonst mache ich in die Hose.« Der kränklich aussehende Mann war Joseph Roth, der nachmals berühmte Autor des Romans »Radetzkymarsch«, eines Werkes, das später in hunderttausenden

Buchexemplaren verkauft und in der Folge auch als Film und Fernsehserie aufgeführt wurde. Roth hatte damals bei der Klofrau des Romanischen Cafés eine solche Menge Schulden angehäuft, dass sie ihm, wenn er nicht bar zahlte, den Zutritt zur Toilette verweigerte.

Cziffra schrieb in seinen Memoiren: »*Roth war mir im ersten Augenblick unsympathisch. Seine bewusst zur Schau getragene Aggressivität war allerdings der Schutzmechanismus eines komplexbeladenen Menschen, der sich verfolgt fühlte.*« Später, die beiden hatten sich inzwischen angefreundet, entdeckte Cziffra die sanfte, konziliante Seite Roths, zumal dann, wenn die fragile Sensibilität des Radetzkymarsch-Autors nach einigen Gläsern Schnaps zum Vorschein kam. Cziffra: »*Da sah ich Roths verträumten Leutnant Trotta aus dem Radetzkymarsch leibhaftig vor mir.*«

Nicht alle, die kein Geld hatten, vegetierten damals in Berlin dahin wie Joseph Roth. Anton Kuh, der versnobte Schnorrer, wer sonst, logierte im feudalen Hotel Adlon. Zwar nur im kleinsten Zimmer des Hauses, das machte ihm freilich nur wenig aus, weil auf seiner Visitenkarte als Adresse »Hotel Adlon« stehen konnte. Aber auch die winzige Unterkunft war teuer, Kuh blieb mit den monatlichen Rechnungen solange in Verzug, bis sich ein Mäzen fand. »*Wie viel Geld bist du dem Adlon schon schuldig?*«, fragte ein Kaffeehausfreund den Lebenskünstler. Kuh antwortete: »*So viel, dass das Hotel eigentlich schon mir gehört.*«

Auch Karl Kraus, Verleger und gefürchteter Glossist der »Fackel«, war in dieser Zeit Stammgast der Berliner Kaffeehauszene. Wie vormals in Wien machte sich der wortgewaltige, zumeist bösartig formulierende Kraus bei den anderen Gästen sofort unbeliebt, er galt als krankhafter Pedant, ein Berserker im Ringen um Genauigkeit in der deutschen Sprache. Die Beistriche waren seine Leidenschaft, er konnte stundenlang darüber referieren, wo ein Beistrich gesetzt werden müsse und wo nicht. Er prozessierte einmal sogar gegen eine Publikation, weil der Setzer das Komma in einem Kraus'schen Beitrag an der falschen Stelle eingefügt hatte.

Kraus war längst tot, als auf einem Empfang in Wien ein Schriftstellerkollege monierte, dass Alfred Polgar, ebenfalls Sprachpedant und Meister der Formulierungskunst, in seinem Artikel ein Ausdrucksfehler unterlaufen war. Eine Dame der Wiener Gesellschaft wandte sich an den vorlauten Kritiker: *»Das ist doch jetzt egal, wo der Kraus tot ist.«*

Ein aus Ungarn stammender Journalist hatte einst am Stammtisch in Wien Karl Kraus ein Manuskript vorgelegt, mit der Bitte um Beurteilung. Kraus herrschte ihn an: *»Sie werden niemals richtig Deutsch schreiben können.«* Darauf der Exil-Ungar: *»Das will ich auch nicht, es ist mir nicht wichtig. Mir geht es um den Inhalt.«* Kraus stand auf und ging. Den Journalisten, der so gar nicht in gutem Deutsch schreiben konnte, würdigte er in der Folge keines Blickes mehr.

Zehn Jahre später trafen die beiden im Romanischen Café in Berlin zufällig zusammen. Karl Kraus erinnerte sich natürlich nicht mehr an den ungarischen Journalisten. Der fragte höflich, ob Kraus ihm immer noch böse sei wegen der frechen Antwort von damals. Darauf Kraus: *»Wenn ich mit allen Leuten, die nicht Deutsch schreiben können, nicht reden wollte, müsste ich mich in ein Trappistenkloster zurückziehen.«*

Karl Kraus hatte wenige bis gar keine Freunde. Besonders heftig gerieten die verbalen Auseinandersetzungen zwischen Kraus und Victor Adler, dem Begründer der österreichischen Sozialdemokratischen Partei, in ihren Blättern – Kraus in der »Fackel«, deren Herausgeber er war, und Adler in der »Arbeiter-Zeitung«, für die er Leitartikel verfasste. Da war von »bewusster Lüge« und »gemeiner Verleumdung« die Rede. Es waren freilich Streicheleinheiten im Vergleich zu jenen wüsten Attacken, die Victor Adlers Sohn Karl, dem Vater loyal zur Seite stehend, als Herausgeber seiner Zeitschrift »Der Querulant« gegen Kraus ritt.

Es gehört zu den Kuriositäten wienerischen Zeitungsmachens, dass »Der Querulant« (Herausgeber: Karl Adler, Redakteur: Karl Adler, Verlag: Karl Adler) den Untertitel »Antipolitische Zeitschrift« trug. Jetzt wird der Ruf nach Sprachpolizisten laut: Heißt »antipolitisch« etwa »unpolitisch« – oder meinte Adler mit antipolitisch »gegen die Politik« (der Mächtigen)? Karl Kraus, den Sprachrichter, können wir leider nicht mehr befragen.

Kostprobe aus einem antipolitischen Kommentar Karl Adlers im »Querulanten«:

Karl Kraus, dieser allergeschickteste Heuchler, Fälscher und Lügner, der so intensiv heuchelt, fälscht und lügt, daß er oft sogar sich selbst glaubt, dieser Hinüber- und Herüber-Renegat, dieser routinierte Glaubenswechsler, der, Jude nur durch den Zufall der Geburt, just in der Blütezeit (des Thronfolgers) Franz Ferdinands beim Katholizismus und just unter dem Regime Friedrich Austerlitz' (Chefredakteur der Arbeiter-Zeitung), »Los von Rom!« rufend, zum zweitenmal bei der Konfessionslosigkeit landet; dieser Speichellecker der Thronfolgerkamarilla, der Franz Ferdinand als Hoffnung und Fortinbras Österreichs feiert und bei geänderter Konjunktur nicht müde wird, durch sein niederträchtiges »Couplet vom Papagei« Franz Ferdinand und seine tote Gemahlin unsinnig zu höhnen...

»Der Querulant« sollte erstmals am 3. Juni 1920 erscheinen, kam aber mit leichter Verspätung erst am 8. Juni heraus, dann waren viereinhalb Jahre Pause, die zweite (und auch schon letzte) Ausgabe erschien am 23. Jänner 1925, immerhin pünktlich.

Parallelen der damaligen Berliner Kaffeehausszene zu den Wiener Künstler-Cafés zeigten sich nicht nur in der Besetzung der Stammtische mit Künstlern und anderen Intellektuellen – auch der Habitus mancher Berliner Oberkellner erinnerte an ihre wienerischen Pendants vom Schlage eines Franz Hnatek oder Albert Kainz aus dem »Café Herrenhof«, halt mit Berliner Mundwerk.

Unumschränkter Herrscher im »Café Größenwahn« in Berlin, dem Vorgänger-Lokal des »Romanischen«, war der Oberkellner Hahn. Niemand kannte seinen Vornamen, er war ein Herr, kein Diener, und er behandelte seine Stammgäste mit liebevoller Strenge. Für die weniger betuchten Künstler organisierte Hahn Mäzene wie die schwerreichen Eigentümer des Ullstein-Verlages, welche die über Wochen und Monate angesammelten Konsumationsrechnungen ihrer Autoren beglichen. Ausgenommen waren alkoholische Getränke, wenngleich diese den dicksten Brocken der Fakturen ausmachten. Gelegentlich spendierte der Oberkellner für seine Schützlinge eine Flasche Wein – und setzte sie dann als Wiener Schnitzel auf die Rechnung.

Der Oberkellner Hahn war belesen, ein Freund der Literatur und der bildenden Künste. Als ein unbekannter Maler auf der Terrasse des Kaffeehauses das Treiben auf dem Kurfürstendamm verewigen wollte und der nebenan sitzende Dichter Max Herrmann-Neiße, ein Mann von kleiner Statur, ihm die Sicht auf die Szenerie nahm, zischelte der unbekannte Maler süffisant in Richtung des Oberkellners: »*Dieser Zwerg macht Schatten. Wie schafft er das überhaupt?*« Hahn antwortete souverän lächelnd, in Anspielung auf ein Karl Kraus-Zitat: »*Wo die Sonne der Kultur tief steht, werfen auch Zwerge lange Schatten.*«

Nie hätte es ein Gast gewagt, ungeduldig nach Herrn Hahn zu rufen, geschweige denn ihn zu verhöhnen. Bis es einmal passierte. Ein junger, weithin unbekannter österreichischer Maler saß, mittelschwer angetrunken, im Lokal. Als der Oberkellner auf die mehrmalige harsche Aufforderung des jungen Mannes »*Herr Hahn! Herr Hahn!*« nicht reagierte, ließ der Maler zum Entsetzen der Stammgäste ein lautes »*Kikeriki*« durch den Raum schallen.

Herr Hahn verzog keine Miene, suchte schweigend den Gast auf und legte ihm ein großes Blatt Papier auf den Tisch. In strengem Befehlston gab er die Anweisung: »*Hier! Zeichnen Sie einen Hahn!*« Der Maler, etwas unsicher zwar und zögernd, gehorchte. Mit gekonnten Strichen skizzierte er einen Hahn, dessen Ähnlichkeit mit den Gesichtszügen des Oberkellners verblüffend war. »*Und jetzt signieren Sie das Blatt!*«, befahl der Kellner. Auch das verweigerte der junge Mann nicht. Und schrieb seinen Namen unter die Zeichnung: *Oskar Kokoschka*.

So kam der Oberkellner Hahn aus dem »Café Größenwahn« in den Besitz eines Kokoschka-Originals.

Der Präsident und der blinde Jud
Warum ein Hamburger
die Welt nicht mehr verstand

Dass in den vorrangig schwarzen Humor der Wiener reichlich Zynismus mit einfließt, erweist sich nur deshalb als einigermaßen unpeinlich, weil dieser letztlich zumeist in Selbstironie übergeht. Unbedarfte Nordgermanen empfinden eine solche Art von Witz allerdings, als käme er aus einer anderen Welt. So widerfuhr es in den sechziger Jahren einem Hamburger Kulturredakteur, der für die angesehene deutsche Wochenzeitung »Die Zeit« tätig war, als er, in Wien auf Recherche, nichtsahnend das Szenelokal »Gutruf« in der Wiener Innenstadt aufsuchte, um sich einen Drink zu genehmigen. Das Lokal wurde damals hauptsächlich von Wiener Stammgästen frequentiert, die einander gut kannten und dementsprechend unverkrampft miteinander umgingen.

Die Besetzung im »Gutruf« an jenem Tag, als der deutsche Journalist im Lokal saß: Hannes Hoffmann, der Wirt; Hans Fürnberg, Trafikant aus Wien-Mauer; Rudi Wein, Erfinder; und eben der Mann aus Hamburg. Fürnberg war blind, er hatte als Kind in Auschwitz das Augenlicht verloren, nahm sein Schicksal aber mit Gelassenheit und Humor hin und bezeichnete sich selbst als »blinder Jud«. So nannten ihn denn auch die anderen Stammgäste.

„Es weiß eh jeder, dass i net schießen kann" – Josef Holaubek, der am längsten dienende Wiener Polizeipräsident, trug niemals eine Waffe.

Dementsprechend fiel die Begrüßung aus, als Thaddäus Podgorski, Fernsehjournalist aus Wien und ebenfalls Stammgast, das »Gutruf« betrat. Fürnberg hatte wie viele Blinde die Fähigkeit, Menschen zu erkennen, auch wenn er sie nicht mit den Augen sehen konnte. Seinen Freund Podgorski begrüßte der Trafikant, also der blinde Jud, im Gegenzug mit der im »Gutruf« gepflogenen bizarren Freundlichkeit: »*Servas, du brutaler Schlachta du!*« (»Schlachta« nannte man in Polen eine Gruppe ausgeprägter Antisemiten). Podgorski erwiderte die Schlachta-Begrüßung ähnlich liebevoll: »*Halt den Mund, blinder Jud!*«

Das war's. Der deutsche »Zeit«-Mitarbeiter sprang von seinem Sessel auf und schrie Podgorski an: »*Was glauben Sie, was Sie sich noch an Menschenverachtung leisten können? Hier ist wohl die Zeit stehen geblieben.*« Der Hamburger Journalist drohte Podgorski zu attackieren, es kam zum Tumult. Fürnberg schob sich zwischen die beiden, packte den Deutschen am Kragen und schrie: »*Lass meinen Freund in Ruh', sonst hau' ich dir mit'n Blindenstock eine übern Schädel.*« – »*Ich werde euch alle anzeigen*«, brüllte der sichtlich irritierte Deutsche fassungslos.

Gerade in diesem Augenblick betrat der Wiener Polizeipräsident Josef Holaubek, ebenfalls ständiger Gast im »Gutruf« und mit den anderen Stammgästen freundschaftlich verbunden, gemeinsam mit dem Burgschauspieler Hofrat Otto Tressler das Lokal. »*So, jetzt können S' alle anzeigen!*«, rief der Wirt dem außer sich geratenen Hamburger zu, »*da kommt nämlich gerade der Polizeipräsident.*«

Der aufgeregte Deutsche wollte dem Polizeichef soeben die Situation erklären, als Fürnberg mit dem Blindenstock dazwischenfuhr und Holaubek zurief: »*Der Piefke ist doch a Trottel!*« Da wurde es Holaubek zu bunt, und er wies Fürnberg zurecht: »*Jetzt halt einmal den Mund, blinder Jud!*«

Der Hamburger Redakteur verließ in Panik das »Gutruf«. Er verstand die Welt nicht mehr. Und Wien schon gar nicht.

Burgtheater-Doyen Otto Tressler, schon deutlich jenseits der Neunzig, hatte die Szene mit stoischem Blick verfolgt, ohne ein Wort zu sagen. Nur als der Deutsche fluchtartig das Lokal verließ, meinte er zu Podgorski und Holaubek: »*Was ist mit ihm?*«

Josef Holaubek, Polizeipräsident der Bundeshauptstadt von 1947 bis 1972, wurde von den Wienern liebevoll »Joschi« genannt. Das ist schon deshalb bemerkenswert, weil Polizeipräsidenten selten geliebt werden – höchstens geachtet oder mitunter sogar gefürchtet, je nachdem, in welchem Teil der Welt der jeweilige Polizisten-Capo tätig ist. Der Joschi jedenfalls war ein friedvoller Chef, der nie eine Polizeischule besucht und nie eine Schusswaffe getragen hatte. Was er in einem Zeitungsinterview durchaus plausibel zu erklären vermochte: »*Wozu auch, es weiß doch eh jeder, dass i net schießen kann.*«

Draußen in Ottakring hatte Klein-Holaubek Tischler gelernt, später dann den Hobel gegen Helm und Feuerwehrspritze eingetauscht und die Karriereleiter bis zum Kommandanten erklommen. »*I hab als Tischler immer g'wusst: ein abgesägtes Sesselbein wachst nimmer nach. Und einen Brand musst du löschen und darfst ihn nicht noch stärker entfachen.*« Im Jahr 1947, bald nach Ende des zweiten Weltkrieges, wurde Holaubek auf den Polizeipräsidentenstuhl in Wien gesetzt, als Rammbock in einer schwierigen Zeit.

Es dauerte nicht lange, bis die erste und zugleich aufregendste Löschaktion seines Lebens auf ihn wartete. Und die meisten Wiener, erst recht die jungen, wissen gar nicht, dass es vielleicht ihr Joschi war, der durch Friedfertigkeit und Weitblick den Bestand der Zweiten Republik abgesichert hatte. Es kam so: Im Oktober 1950, im besetzten Österreich, arbeiteten die Kommunisten auf einen Generalstreik hin, ein Putsch stand im Raum – und jeder bewaffnete Konflikt hätte wohl die sowjetischen Truppen, die in Wien stationiert waren, zum Eingreifen bringen können. Die Rebellen hatten bereits das Pflaster aufgerissen und Barrikaden errichtet. Schon saßen schwerbewaffnete Polizeieinheiten in den Einsatzwagen, um gegen die Putschisten vorzugehen. Doch Holaubek holte die Männer aus den Fahrzeugen, blies die Aktion ab und schickte stattdessen seine Offiziere zu den Aufständischen. Und gab ihnen den Rat: »*Redets mit die Leut noch einmal im Guten...*«

Der Coup gelang, die Offiziere konnten die Putschisten zum Abzug bewegen, Holaubek beauftragte einen Bautrupp der Wiener Straßenbahner, Schienen, Pflastersteine und damit die junge Republik wieder in Ordnung zu bringen.

Von Bürokratie hielt Holaubek wenig, er fand immer einfache und praktikable Lösungen, auch in weniger wichtigen Angelegenheiten als beim drohenden Putsch im Fünfzigerjahr. Als der berühmte Schauspieler Werner Krauß vom Burgtheater eine Dienstwohnung in der Porzellangasse erhielt, machte ihn dies nicht besonders glücklich – die Autos, die frühmorgens an seinem Haus vorbeifuhren, irritierten den Mimen, der sich nach anstrengenden Vorstellungen ausschlafen wollte. Holaubek erfuhr von der Irritation des Werner Krauß und handelte rasch: Er stellte kurzerhand zwei Polizisten ab, die den Autoverkehr von der Porzellangasse in die angrenzenden Nebenstraßen umleiteten. Krauß konnte ungestört schlafen, die Burgtheaterdirektion verfasste umgehend ein Dankschreiben an Holaubek.

In die internationalen Schlagzeilen schaffte es der urige Wiener Polizeipräsident 1971, als er vor laufender Fernsehkamera einen Gefängnisausbrecher, der sich in einem Haus verschanzt hatte, aufforderte: »*Kumm außi, i bin's, dei Präsident!*« Holaubek aber war nicht nur ein PR-Talent, was man ihm häufig vorwarf, sondern auch ein aufrechter Charakter; er unterstützte den Stein-Ausbrecher sogar finanziell, als dieser aus dem Gefängnis entlassen wurde. Der Ausspruch »*I bin's, dei Präsident*« ist deshalb in Wien auch heute noch ein geflügeltes Wort, von Präsidenten aller Spezies immer wieder als heitere Schnurre in die Runde geworfen.

1968 kam ich mit Josef Holaubek indirekt in Kontakt, als ich, jüngster Reporter der Wiener Tageszeitung »Express«, den Artikel »*Wachzimmer Fügergasse wird geschlossen*« verfasste. Es handelte sich um eine fette Zeitungsente, wie sich freilich erst nach Erscheinen der Geschichte herausstellte. Mein Ressortchef hatte, als er die Story beauftragte, zwar glattweg behauptet, dass dieses Wachzimmer geschlossen werde, mich allerdings aufgefordert, die Angelegenheit genau zu recherchieren. Ich rief also artig in der Polizeidirektion an und fragte den zuständigen Pressesprecher, was er zu der bevorstehenden Schließung des kleinen Wachzimmers zu sagen habe. Der Beamte glaubte, wir von der Zeitung wüssten mehr als er, und bestätigte vage die Auflösung der Polizeistation, indem er sich mit einem Wortschwall herauswand, dass »*die Schließung eines Wachzimmers doch keineswegs die Sicherheit der Bevölkerung gefährde*«.

Der Bericht, dass die Fügergasse geschlossen werde, erschien also im »Express«, und noch am selben Tag rief

Josef Holaubek ziemlich verärgert an – allerdings nicht mich, sondern den Chefredakteur des Blattes. Als sich dieser auf mich, den unerfahrenen Anfänger, herausredete, kehrte Holaubek einerseits sein weiches Herz und andererseits seine allgewaltige Position heraus. *»Lassen S' den Buam in Ruh, und wenn S' ihn deshalb rausschmeißen, werden S' mi kennenlernen, i bin schließlich der Polizeipräsident.«* Mein Vorgesetzter hatte mir die Holaubek-Geschichte prompt erzählt, mich nicht hinausgeschmissen, aber mit drei Wochen Schreibverbot bedacht – die erste gelbe Karte meiner Reporter-Karriere.

Die Anekdoten, die über Holaubek kursieren, könnten noch etliche Seiten füllen. Eine allerdings scheint mir zum Abschluss dieses Kapitels am passendsten für den Mann, der so lange als Wiener Polizeipräsident durchhielt. Einen Tag, bevor Holaubek 1947 sein Amt als Präsident antrat, ging der ihm zugeteilte Chauffeur zum Friseur, um ja gepflegt auszuschauen, wenn er mit seinem Chef die erste Ausfahrt machte. *»Na, Herr Inspektor«*, fragte der Haarschneider den Fahrer, *»wie is er denn, der neue Präsident?«* – *»Gehen S', fragen S' mi net«*, replizierte der Chauffeur, *»i kann Ihnen nur eines sagen: Lang wird sich der bestimmt nicht halten…«* Er hielt sich volle 25 Jahre. Und der Chauffeur mit ihm.

Ackergaul statt Lipizzaner
Wiener G'schichten, quergeschrieben

Wer sich für die Geschichte Wiens interessiert, bekommt sie von beflissenen Historikern aller Branchen, sauber abgepackt und in einzelne Sachgebiete zerlegt, mit den entsprechenden Etiketten versehen auf den Tisch gelegt: Politik, Kultur, Theater, Oper, Architektur, Kriminalfälle, Fußball nicht zu vergessen – aber auch scheinbar völlig Nebensächliches wie die Entwicklung der Hundezucht in Wien oder das Sterben der Kegelvereine in Hernals und vieles andere wird in Publikationen jedweder Art regelmäßig veröffentlicht.

Aber wer weiß heute noch, dass ausgerechnet an jenem 15. Mai 1955, als der österreichische Außenminister Figl nach der Unterzeichnung des Staatsvertrages auf dem Balkon des Belvederes die befreienden Worte »*Österreich ist frei*« sprach, in Illmitz im Burgenland 32 Häuser abbrannten, ein Kind starb und 30 Familien mit einem Feuerschlag obdachlos wurden? Und überhaupt: Was passierte just in dem Jahr dort, als gerade hier jenes geschah? Geschichte und Geschichten quergeschrieben – einen (zugegeben: etwas willkürlichen) Versuch ist es allemal wert.

Kommen wir auf das politisch bedeutungsvolle Jahr 1955 zurück, als in Wien der Staatsvertrag unterzeichnet wurde. Am 15. Oktober wurde erstmals wieder im während des Krieges zerstörten Burgtheatergebäude am Ring gespielt, aufgeführt wurde Franz Grillparzers Tragödie »König Ottokars Glück und Ende«. Mit der Wiedereröffnung begann im Burgtheater auch wieder das traditionelle beamtete und künstlerische Hickhack um Direktorposten, Budgets und Besetzungen – ein Dauerbrenner bis zum heutigen Tag. Der scharfzüngige Wiener Kulturkritiker Karl Löbl schrieb bereits 1979 in einer Rückschau auf fünfundzwanzig Jahre Kulturbetrieb in Wien: »*Personen haben sich verändert in diesem Vierteljahrhundert – Zustände und Institutionen kaum.*« – Drastischer noch klangen die Worte des Dichters Carl Zuckmayer, nachdem man ihm vergeblich den Posten des Burgtheaterdirektors angeboten hatte: »*Lieber mit dem nackten Hintern in einen Ameisenhaufen als auf diesen Sessel.*«

Fünf Tage vor der großen Burgpremiere, am 10. Oktober 1955, war eine Linienmaschine der jugoslawischen Fluggesellschaft JAT beim Landeanflug auf den Flughafen Schwechat in der Nähe der Josefinenhütte zwischen Kahlenberg und Leopoldsberg im dichten Nebel abgestürzt.

Romeo Adun, der Pilot der Convair 340, hatte im Nebel die Schleife zum Anflug auf den Schwechater Flughafen zu weit nördlich angesetzt, wähnte sich angesichts der Blinkleuchten des auf dem Kahlenberg stehenden Sendemastes, die er für die Positionslichter der Landebahn hielt, offenbar bereits in der Anflugschneise des Flugplatzes und begann mit dem Landeanflug.

Auf einer Flughöhe von 400 Metern streifte die Maschine die Baumwipfel des 425 Meter hohen Leopoldsberges, angesichts des drohenden Waldhanges zog Adun das Flugzeug aber noch einmal hoch und konnte damit den Anprall auf den Hang zumindest soweit abfedern, dass von den 29 Insassen immerhin 22 den Unfall überlebten. Unter den Toten, die allesamt im vorderen Teil des Flugzeuges saßen, befand sich neben Adun auch dessen Chef, der Direktor der Fluglinie. Co-Pilot Rista Kostic wurde aus dem Cockpit geschleudert und blieb nahezu unverletzt.

Übrigens stürzten alle drei Convair 340 der JAT im Lauf ihrer nur kurz währenden Betriebszeit ab: Vierzehn Monate nach der Katastrophe auf dem Kahlenberg verunglückte am 22. Dezember 1956 eine zweite JAT-Convair beim Landeanflug auf den Flughafen München-Riem, die dritte und letzte erwischte es am 4. Februar 1961 in Titograd. Angeblich stammt eine in diversen Zeitungen nach Flugzeugkatastrophen noch heute gern verwendete, wenn auch mittlerweile etwas uninspiriert klingende Titelzeile von einer Belgrader Journalistin, die damals, nach dem Unglück in Titograd, in Anspielung auf die verbesserungswürdige Sicherheit der JAT-Flugzeuge stichelte: *»Runter kommen sie immer.«*

Am 5. November 1955 wurde die nach der Zerstörung im Krieg renovierte Staatsoper mit einem großen Fest wiedereröffnet, damit standen den Wienern, wenn sie Burgtheater und Oper besuchen wollten, wieder die traditionsreichen Häuser am Ring zur Verfügung (zuvor mussten sie mit dem Ronacher und dem Theater an der Wien vorliebnehmen).

Der damalige Bundestheaterchef Ernst Marboe sprach anlässlich des Festes zur Eröffnung des wiederaufgebauten Opernhauses etwas vollmundig von der *»musikalischen Krönung Österreichs«*. Die Krone bekam freilich bald die ersten Kratzer ab. Die Qualität der Vorstellungen, so schrieb die Wiener Presse, würde immer schlechter werden, und als Karl Löbl den berühmten Dirigenten Karl Böhm, der seit 1954 Operndirektor war, nach dessen Rückkehr von einer Gastspielspielreise aus Amerika fragte, ob die andauernden Auslandsaufenthalte eines Stardirigenten mit dem Job als

„Auf Karajan kann Österreich verzichten, auf den Skistar Karl Schranz nicht" – so urteilte 1962 die österreichische Boulevardpresse, die dem Kulturgeschehen in Wien einigermaßen fern gegenüberstand.

Direktor zu vereinbaren seien, antwortete Böhm: »*Ich denke nicht daran, meine internationale Karriere der Wiener Staatsoper zu opfern.*« Mehr brauchte er nicht. Löbl hatte nämlich das Interview in der Wiener Boulevard-Zeitung »Bild-Telegraf« veröffentlicht, und es brach das herein, was man heute Shitstorm nennt – und Böhm trat am nächsten Tag zurück.

Chefredakteur des »Bild-Telegraf« war zu der Zeit übrigens der spätere ORF-Generalintendant Gerd Bacher, der als routinierter Zeitungsprofi natürlich sofort wusste, dass das Löbl-Interview Wellen schlagen würde. Einige Wiener Musikkritiker wollten Karl Böhm noch überreden, seine Demission zurückzunehmen. Worauf der vor der Presse erklärte: »*Da muss ich erst meine Frau fragen.*« Damit war Karl Böhm bei den Wienern endgültig durchgefallen.

Böhms Sohn Karlheinz erlangte indessen an der Seite der jungen Romy Schneider in den mittlerweile legendären Sissi-Filmen des Regisseurs Ernst Marischka unerwartet Berühmtheit. Die Kinos waren ausverkauft, halb Wien strömte zu den Vorstellungen. Auf Sissi eins folgten bald Teil zwei und drei. Die Opern-Banausen unter den Film-Fans fragten damals, wenn sie vom Dirigenten Karl Böhm in den Zeitungen lasen: »*Ist der mit dem Karlheinz Böhm verwandt?*«

Im September 1956 wurde Herbert von Karajan als Nachfolger Karl Böhms zum Staatsoperndirektor bestellt, im Mai 1957 übernahm er dann für die relativ bescheidene Gage von 6.000 Schilling pro Monat endgültig die künstlerische Leitung der Staatsoper. Eine Bürosekretärin verdiente zu der Zeit 1.400 Schilling – das Gehalt des Operndirektors war demnach ein Schnäppchen fürs Budget der Bundestheater. Finanzielle Sorgen plagten Karajan dennoch nicht: Als Dirigent erhielt er zusätzlich 18.000 Schilling pro Abend als Honorar (zwanzig Jahre später kassierte Karajan für eine Vorstellung in Wien das Zehnfache).

Ebenfalls im Mai 1957 trat Österreichs Fußballnatio-nalmannschaft als haushoher Favorit zum WM-Qualifikati-onsspiel gegen Holland in Wien an. 1954 waren die Öster-reicher Dritte bei der WM geworden, lediglich das 1:6-De-bakel gegen Deutschland im Halbfinale hatte damals die Stimmung im Alpenland getrübt.

Die Qualifikation für die Weltmeisterschaft in Schwe-den schien demnach nur eine Formsache zu sein. Doch die 65.000 Zuschauer im Praterstadion packte das pure Entset-zen, als nach einer halbstündigen Offensive die Niederlän-der innerhalb von zwei Minuten 2:0 in Führung gingen. Nicht der Weltklassemann Gerhard Hanappi oder sein kon-genialer Mittelfeldpartner Karl Koller, sondern der bis da-hin völlig unbekannte Jan Notermans aus der kleinen nie-derländischen Stadt Geleen gestaltete das Spiel.

Einer hatte alles kommen gesehen: Max Merkel, einst Betreuer der holländischen Nationalmannschaft, nunmehr Rapid-Coach und später Erfolgstrainer in Deutschland und Spanien, beobachtete das Spiel auf der Tribüne. Er wusste, dass das Spiel der Holländer nicht mehr nur von Eifer und Schnelligkeit lebte.

Gleich nach der Pause glückte Karl Koller mit einem Weitschuss der vielbejubelte Anschlusstreffer, und als kurz vor dem Abpfiff Jungtalent Hans Buzek mit einem Kopfball das 2:2 gelang, schien das Match gelaufen. Vorher hatte es schwere Fouls und gesundheitsgefährdende Attacken auf beiden Seiten gegeben. Österreichs Torhüter Kurt Schmied wurde von einem Niederländer ebenso böse angegangen wie sein niederländischer Kollege Peters Graafland vom un-gestümen Rapid-Mittelstürmer Robert Dienst. Hollands bester Verteidiger Roel Wiersma schied kurz vor Schluss verletzt aus, es kam zu wilden Ausschreitungen auf dem Feld. Wenige Sekunden vor dem Abpfiff stürzte der Vienna-Stürmer Otto Walzhofer nach einer Attacke im Strafraum, der deutsche Schiedsrichter Emil Schmetzer, im Hauptberuf Geschäftsführer der deutschen Toto-Gesellschaft, zeigte auf den Elferpunkt. Karl Stotz, der österreichische Stopper, behielt die Nerven und verwandelte den Strafstoß.

Die niederländische Presse war noch Jahre später der Meinung, Schmetzer hätte im nervenaufpeitschenden Getöse des Praterstadions die Nerven verloren. Sogar von Spielmanipulation war die Rede. Das holländische Königshaus musste vor dem Rückspiel in Amsterdam die Gemüter beruhigen. Dort verlief dann alles friedlich. Man hatte Europas Schiedsrichter Nummer eins, Arthur Ellis, aufgeboten, Österreich war die bessere Mannschaft und Hanappi der unumschränkte Herrscher auf dem Platz. Mit einem verdienten 1:1 qualifizierte sich die rot-weiß-rote Mannschaft für die WM 1958 in Schweden.

Die in Österreich spielenden Fußballer waren in den späten fünfziger Jahren übrigens noch keine Berufskicker, sondern Halbprofis, wie man ihren Status damals nannte. Ein Star wie Gerhard Hanappi, später im Hauptberuf Architekt, verdiente bei Rapid pro Monat nur unwesentlich mehr als jene 1.400 Schilling, für die eine Sekretärin damals arbeiten musste. Das war, sonst wäre Wien ja nicht Wien, freilich nur ein Viertel der Wahrheit: Viele Balltreter erhielten in öffentlichen Institutionen gut dotierte Posten, ohne dass sie dort auch nur ansatzweise einer geregelten Tätigkeit nachgehen mussten. Oder Zuwendungen von privaten Mäzenen, die den besten Fußballern im Land die Geldscheine diskret und selbstverständlich steuerfrei unter dem Tisch zuschoben.

Hoffnungsfroh reiste Österreichs Nationalteam im Frühsommer 1958 zur Fußballweltmeisterschaft nach Schweden. Den Weltklassefußballer Ernst Ocwirk, einen der ersten heimischen Profis, Legionär bei Sampdoria Genua, hatten die Teamverantwortlichen gar nicht erst einberufen. Ein Fußballer, der bei einer ausländischen Vereinsmannschaft spielt, galt damals in Wiener Fußballkreisen schon als Verräter. *»Ocwirk nicht in der Nationalelf?«*, wunderten sich brasilianische Rundfunkreporter in ihren Vorberichten, *»habt ihr in Österreich Bessere?«* Schweden etwa schickte ein halbes Legionärsteam, die meisten Klassefußballer aus Stockholm und Göteborg verdienten schon damals ihr Geld in Italien. Schweden wurde bei der WM Zweiter.

Österreichs Teamchef hieß Josef Argauer. Die Übungen leitete Trainer Josef Molzer. Argauer war ein fußballerischer Multi: Teamchef beim ÖFB, Sektionsleiter beim Staatsligaverein Simmering, Sportchef bei der Tageszeitung »Express«. Ein Teamchef, der in der Zeitung über sich selbst schreiben darf – eine wienerische Besonderheit. Als wäre der deutsche Bundestrainer Joachim Löw auch Sportdirektor beim FC Augsburg und würde als Sportchef der »Bild-Zeitung« von der Fußball-WM berichten.

Die Betreuerbank beim WM-Eröffnungsspiel der Österreicher gegen Brasilien in Uddevalla war, wie damals üblich, für lediglich drei Personen gedacht: Arzt und Masseur waren Pflicht, dazu der Mannschaftsverantwortliche. Argauer und Molzer, keine ausgesprochen schmalen Erscheinungen, konnten sich nicht einigen, wer von den beiden wegbleiben soll. Ein findiger Kopf aus der österreichischen Fußballdelegation hatte den zündenden Einfall: Molzer reist zur Beobachtung des nächsten Gruppengegners Sowjetunion nach Göteborg, Argauer nimmt auf der Betreuerbank Platz. Als das Spiel in Uddevalla angepfiffen wurde, trauten Beobachter ihren Augen nicht: Es drängten sich nämlich trotz der Abwesenheit des Trainers Molzer fünf stattliche Männer auf der kleinen Bank, mehr aufeinander statt nebeneinander: Neben Argauer, dem Teamarzt und dem Masseur hatten sich noch ein zweiter Masseur und ein österreichischer Attaché breitgemacht.

Der Fußballverband hatte übrigens statt der erlaubten 22 Spieler nur 19 Spieler für die WM in Schweden gemeldet, offiziell aus Kostengründen. Als der Stürmer Pepi Hamerl nach einem Vorbereitungsspiel wegen einer Verletzung ausfiel, wurde kein Ersatzmann nachnominiert. Ein Fräulein Helga, die Assistentin des Teamarztes Robert Jelinek, flog stattdessen mit nach Schweden. Also bestand das rot-weiß-rote Aufgebot aus gerade einmal 18 Spielern, so wenige hatte kein anderer WM-Teilnehmer auf der Liste.

Österreich verlor übrigens das Spiel gegen Brasilien trotz ansprechender Leistung 0:3, die späteren Weltmeister aus Südamerika hatten die rot-weiß-rote Abwehr dreimal geschickt ausgekontert. Nach dem Finalsieg meinten die brasilianischen Spieler zwar, Österreich sei der härteste Gegner auf dem Weg zum Titel gewesen, das tröstete aber weder Spieler noch Fans.

Argauer und Trainer Molzer, der erst am Tag nach dem Brasilienspiel aus Göteborg zurückgekehrt war, krempelten die Elf für das zweite Spiel gegen die Russen total um und verzichteten zur Überraschung der heimischen Presse ausgerechnet auf die besten Österreicher des Brasilien-Spiels, Torhüter Rudolf Szanwald und Stopper Ernst Happel. Der Taktiker Molzer hatte das Match gegen die Brasilianer natürlich nicht sehen können, Fernsehaufzeichnungen gab es noch keine. Gegen die Sowjets verloren die Österreicher dann 0:2 und schieden als erste Mannschaft aus dem WM-Turnier aus. Der vom Duo Argauer/Molzer statt Szanwald nominierte Kurt Schmied wirkte im Russland-Match einigermaßen beeinträchtigt: Nach überstandener Blinddarmoperation war Schmied nicht in der Lage, schmerzfrei nach Bällen zu hechten.

Im letzten, bedeutungslos gewordenen Gruppenspiel gegen England liefen wieder Szanwald und Happel ein. Nach ansehnlicher Leistung erreichte Österreich gegen die Briten ein 2:2. Nach der WM wurden, einem stets gepflegten Ritual entsprechend, die erfolglosen Teambetreuer Argauer und Molzer entlassen, ein neuer Mann rückte nach: Karl Decker.

Auch in der Wiener Kulturszene tat sich damals etliches: Für das riesige Budget, das er sich ausgehandelt hatte, bot Karajan seinem Publikum erstmals Opern in Originalsprache, für damalige Zeiten höchst ungewöhnlich, heute an allen großen Opernhäusern selbstverständlich. In den Wiener Bundestheatern spielte man lediglich 30 Prozent der Gesamtkosten ein, der Rest musste zugeschossen werden. Der Kulturjournalist Karl Löbl ätzte noch 1979 in einer Replik auf die fünfziger Jahre: »*Damals kam dem Staat die Oper teurer als je zuvor, allerdings auch billiger als je nachher.*«

Kurios war, dass Karl Böhm jener Ausspruch zum Verhängnis wurde, demzufolge er seine internationale Dirigentenkarriere nicht zugunsten der Wiener Oper aufgeben wolle – aber sein Nachfolger Karajan von Publikum und Presse gerade wegen seiner halb Europa umspannenden Tätigkeiten als Idealbesetzung für die Operndirektion hochgelobt wurde. In Wien kursierte damals ein Witz: *Karajan besteigt ein Taxi. Der Fahrer fragt: Wohin soll's denn ge-*

hen? Darauf Karajan: Egal. Fahren S' nach Berlin, Salzburg, Mailand oder London. Ich hab überall zu tun.

Der Sprachkünstler Alfred Polgar meinte, als er, der seinen Lebensabend in Zürich verbrachte, wieder einmal Wien besucht hatte: *»Ich muss über diese Stadt ein vernichtendes Urteil abgeben: Wien ist Wien geblieben.«*

Der Wiener Film lag in Scherben. Filmförderungsgesetz gab es keines, und private Filmemacher scheuten sich, zu investieren. Anders als in Deutschland oder gar in Amerika sahen sie keine Chance, das aufgewendete Geld zurückzuverdienen. Der Markt war zu klein. Filmkritiker stellten damals einhellig fest: Der österreichische Film ist im Begriff, unterzugehen.

Aber immerhin schon dreizehn Jahre später, 1972, begannen heimische Politiker über die Formulierung eines Filmförderungsgesetzes nachzudenken. Der folgende Satz ist freilich nicht einem Textbuch des Kabaretts Simpl entnommen, sondern die wörtliche Erklärung des damaligen österreichischen Bundeskanzlers Alfred Sinowatz bei einer Enquete. Er sagte: *»Dass für den österreichischen Film bisher nichts geschehen ist, ist gewiss auch unsere Schuld. Es ist aber vielleicht auch gut, dass nichts geschehen ist, weil so auch nichts geschehen konnte, was hätte schlecht sein können.«* Und siehe da – schon sieben Jahre später, 1979, war das Filmförderungsgesetz bereits im Stadium der Begutachtung.

Im Februar 1962 demissionierte Karajan das erste Mal als künstlerischer Leiter der Staatsoper, weil der Betriebsrat hinter seinem Rücken Vereinbarungen mit dem technischen Personal getroffen hatte. Der damalige Unterrichtsminister Heinrich Drimmel kalmierte, Karajan blieb, vorerst.

Österreichs Skiasse eroberten zur selben Zeit bei der Weltmeisterschaft in Chamonix sechs Goldmedaillen: je zwei Marianne Jahn und Karl Schranz, je eine Christl Haas und Egon Zimmermann. Da es damals lediglich acht Bewerbe gab, handelte es sich, statistisch betrachtet, um den bis heute größten Erfolg der selbsternannten Skination Österreich. *»Auf Karajan könnten wir verzichten, auf Schranz nicht«*, schrieb, wie tiefsinnig, der Kolumnist einer großen österreichischen Tageszeitung.

Im November 1963 engagierte Karajan einen italienischen Hilfsdirigenten, der keine Arbeitsbewilligung besaß, für die Staatsoper als Souffleur. Opern-Betriebsrat Otto Vajda ließ deshalb, streng nach Gesetz, die geplante »Boheme«-Premiere kurz vor Beginn der Aufführung platzen. Das Publikum wurde gebeten, nach Hause zu gehen, darunter auch der damalige Bundespräsident Adolf Schärf.

Am 24. Juni 1964 verlässt Karajan endgültig die Operndirektion. Beim Abschied sagte er: *»Da sind keine Lipizzaner mehr, da ist nur noch ein Ackergaul.«* Ob er damit den Betriebsrat Otto Vajda gemeint hatte, ist nicht überliefert. Dem gesetzestreuen Wiener Staatsdiener Vajda gelang in der Folge eine Karriere, wie sie so wohl nur jemand in Wien und Umgebung zustande bringen kann. Fünfzehn Jahre nach dem Karajan-Eklat war Vajda Titular-Professor und Generalsekretär-Stellvertreter des Bundestheaterverbandes. Noch nachträglich: herzliche Gratulation!

Dem auch in Wien tätigen französischen Regisseur Jean-Pierre Ponelle entschlüpfte angesichts des damals mehr gewerkschaftlich als künstlerisch organisierten Betriebes der Wiener Staatstheater der Satz: *»Früher war die Kunst im Theater an erster Stelle, jetzt ist es die Ruhezeit.«*

Elias Canetti, Rapid und der Nobelpreis
…und was das Hanappi-Stadion dem Burgtheater voraushatte

Es ist mittlerweile hinlänglich bekannt, dass Fußball noch im ersten Nachkriegsjahrzehnt von der sogenannten besseren Gesellschaft Wiens als Proletensport abgehandelt wurde, während sich zahlreiche Künstler, Ärzte, Architekten und Universitätsprofessoren insgeheim oder auch öffentlich schon damals der Faszination des unberechenbaren Lederballs hingaben.

So hatte sich Schauspiellegende Attila Hörbiger in seinem Vertrag allen Ernstes die Klausel einbauen lassen, dass an Länderspielsonntagen keine Burgtheateraufführung mit ihm besetzt werden dürfe. Hörbiger zog König Ocwirk König Ottokar vor. Und in den alten Wochenschauaufnahmen von Länderspielen im Praterstadion sieht man immer wieder die Bühnenstars von damals eingeblendet: Paula Wessely, Johannes Heesters, Attila Hörbiger oder Rudolf Prack beim Torjubel oder auch in heller Verzweiflung, weil etwa ein dreister Schiedsrichter nach dem garstigen Foul des ungarischen Verteidigers unverständlicherweise keinen Elfmeter gegeben hat.

In dem von mir lediglich zwangsweise besuchten Wiener Wasa-Gymnasium, einer dem Humanismus verpflichteten Anstalt, zog sich unter uns Schülern stundenlang die Diskussion, ob das Comeback Walter Zemans gegen Schottland in seinem (wie sich später herausstellte) letzten Länderspiel 1960 tatsächlich missglückt wäre. Gleichzeitig bemühte sich ein vom schläfrigen Gehaben der Klasse sichtlich irritierter Naturgeschichtsprofessor vergeblich, uns die subtilen Details der Schneckenvermehrung näherzubringen. Es interessierte niemanden von uns. Aber dass der filigrane Fußballkünstler Erich Hof, mit dem Tempo einer nicht mehr ganz jungen Weinbergschnecke (um bei den Weichtieren zu bleiben), drei Schotten auf einem halben Quadratmeter auszuspielen imstande war, heiterte unsere Fußballseele auf wie sonst nichts auf der Welt.

Und dass Hof nach seinem Freistoßtor im 4:1 gewonnenen Schottlandspiel auch beim 2:1 gegen Norwegen in letzter Minute einen Freistoß unter die Latte gezirkelt hatte, notierten wir in voller Begeisterung und mit der Akribie gewissenhafter Buchhalter. Wir kritzelten unermüdlich Ligatabellen und Torschützenlisten in Hefte, die den Schulbroschüren so verdammt ähnlich sahen, dass wir sie ganz unverschämt auf der Bank liegen lassen konnten. Außen Latein, innen Fußball.

In Künstlerkreisen galt Fußball immer schon als Ideen- und Gedankenspender, als Schule des Machbaren und des Unmöglichen, des spontanen Glücks oder Unglücks. Ein Fußballspiel bildet das Leben im Zeitraffer ab: So viel Kreativität, so viel Zufall, der dann, ohne Zutun der betroffenen Mannschaft, schnurstracks zum Triumph oder zur Katastrophe führt, so viel Fleiß und Durchhaltevermögen werden uns in der Realität nicht so plastisch und drastisch vor Augen geführt, und schon gar nicht in neunzig Minuten.

Fußball kann, wie das Leben auch, natürlich grausam sein, nämlich dann, wenn die bessere, aber vom Schicksal bestrafte Mannschaft verliert. Wendelin Schmidt-Dengler, Ordinarius des Instituts für Germanistik der Universität Wien, einer der bedeutendsten österreichischen Literaturwissenschaftler und Rapid-Anhänger von Kindheit an, ortete die Ingredienzien Schande, Rache, Verzweiflung, Schicksal, Zufall, List, Tücke, Großmut, Tugend, Gemeinheit und Gewalt gleichermaßen in Fußballspielen wie in den großen Tragödien der Weltliteratur. Nur: Wie Shakespeares Hamlet ende, wisse er, aber wie das Derby Austria gegen Rapid ausginge, wisse er nicht. Schmidt-Dengler: *»Der dramaturgische Vorsprung des Hanappi-Stadions vor dem Burgtheater ist gewaltig.«*

Wendelin Schmidt-Dengler war es übrigens auch, der, und das nicht einmal ausgenzwinkernd, die fortwährend in Ekstase geratenden Anhänger des Fußballklubs SK Rapid als Keimzelle für Elias Canettis später mit dem Nobelpreis ausgezeichnetes Werk »Masse und Macht« ortete. Nachdem Canetti am 15. Juli 1927, als Einzelner von der Masse aufgesogen, den Brand des Justizpalastes in Wien lebensnah und in allen Facetten miterlebt hatte, beschäftigte er sich fortan intensiv mit dem Phänomen der Masse. Aber erst die Jubelschreie, die wöchentlich vom Rapid-Platz, der alten Pfarrwiese in Hütteldorf, in sein Ohr drangen, waren das entscheidende Erlebnis, das Canetti dazu brachte, sein Chemie-Studium nur noch lustlos zu Ende zu bringen und sich einzig der Beschäftigung mit dem Massenphänomen zu widmen.

Elias Canetti war übrigens kein Fußballanhänger, aber seine Studentenwohnung in der Hagenberggasse in Wien-Hietzing, hoch über den Dächern des Bezirks gelegen, fing die Geräusche, die vom Rapid-Platz kamen, in bemerkenswerter Weise ein. In seiner Autobiografie »Die Fackel im Ohr« beschrieb das Canetti so: »*An Feiertagen strömten große Menschenmengen hin, die sich ein Match dieser berühmten Mannschaft nicht leicht entgehen ließen.…An einem Sonntag nach dem 15. Juli, ich hatte die Fenster offen, hörte ich plötzlich den Aufschrei der Masse. Ich dachte, es seien Pfuirufe, und so erfüllt war ich noch vom Erlebnis des furchtbaren Tages, dass ich.…Ausschau hielt nach dem Feuer.…Doch da war kein Feuer, das musste vom Sportplatz kommen.…Es war der Aufschrei der Masse.*«

In seinem Essay-Band »Hamlet oder Happel« amüsiert sich Schmidt-Dengler: »*Welcher Fußballverein der Welt kann sich rühmen, ein mit dem Nobelpreis gekröntes Œuvre mitverursacht zu haben?*« Da kann nicht einmal Bayern München mithalten.

Dass bei allem gesellschaftlichen und sozialen Anspruch Fußballbesessenheit auch so manche schrillen Käuze und überdies eine Reihe kabarettreifer Dialoge hervorbrachte, liegt auf der Hand. Sie dürfen gerade in einem Buch, das sich an Anekdoten weidet, nicht fehlen.

Beginnen wir mit einem Künstler, dem Komponisten Alban Berg. Er liebte den Fußball, fehlte bei kaum einem wichtigen Spiel, aber, das wussten freilich nur seine engsten Freunde, er verstand weder die Regeln noch den tieferen Sinn des Spiels. Alban Berg hatte lediglich die banale Tatsache verinnerlicht, dass die eine Mannschaft den Ball ins Tor der anderen zu befördern hatte. Das konnte ihn aber nicht daran hindern, sich furchtbar aufzuregen, wenn der Elf seines Herzens vermeintlich (oder tatsächlich) Unrecht geschah. Als einmal ein durchaus gerechtfertigter Penalty gegen sein Team verhängt wurde, sprang Berg erregt auf, als der Schütze sich in der Folge daran machte, den Strafstoß auszuführen. »*Warum*«, rief der Künstler empört, »*lässt man zwischen Ball und Tormann keinen Verteidiger hinstellen, das ist unfair!*« Die umsitzenden Gurus auf der Tribüne nahmen den guten Mann seither nicht mehr besonders ernst, zumindest nicht seinen Fußballverstand.

Der vorhin erwähnte Wendelin Schmidt-Dengler, Rapid-Seele auf der Südtribüne in St. Hanappi (die Errichtung des neuen Stadions der Grün-Weißen konnte er leider nicht mehr erleben), bemerkte einmal, dass Fußball sein Gedächtnis schärfe, er hätte sich den Verlauf einzelner Spiele bis in alle Einzelheiten gemerkt. Doch manchmal, sagte er, beschlich ihn der Verdacht, es wäre vielleicht sinnvoller gewesen, er hätte andere Dinge besser im Gedächtnis behalten. Das kommt mir bekannt vor: Wie Horst Nemec 1963 seine drei Tore gegen die Tschechen schoss, sehe ich heute noch vor mir, mir einzuprägen, wann ich meine Frau demnächst beim Beaufsichtigen der Enkelkinder abzulösen hätte, fällt mir schon viel schwerer. Der Literaturprofessor Schmidt-Dengler drückte seine Fußballpassion so aus: »*Es geht mir der Fußball dauernd im Hirn herum, sicher nachhaltiger als das Problem der Unbefleckten Empfängnis.*« Dem ist wenig hinzuzufügen.

Übrigens: Als der Literaturkritiker Hans Weigel, bekennender Austria-Anhänger, Wendelin Schmidt-Dengler kennenlernte und erfuhr, dass dieser leidenschaftlicher Rapid-Fan sei, meinte er, so ganz könne er das nicht verstehen, wo Schmidt-Dengler doch ein sympathischer Mensch sei.

Der Schriftsteller Friedrich Torberg, als aktiver Wasserballer sogar tschechoslowakischer Meister, in seinem

Herzen aber ebenfalls gänzlich dem Fußball verfallen, erzählt im Buch »Die Erben der Tante Jolesch« von seinem Freund Dr. Paul Schneeberger, der sein Privatleben größtenteils im Rund der Stadien zubrachte und weder im Kaffeehaus noch zu Hause von etwas anderem redete als von Fußball. Als Schneeberger und Torberg in einer Kulturzeitschrift ein ganzseitiges Inserat der Burgspiele Kreuzenstein erblickten, auf dem ein Ritter in voller Rüstung und mit aufgeklapptem Visier zu sehen war, fragte Schneeberger seinen Schriftstellerfreund: »*Und wem sieht der Ritter ähnlich?*« Torberg, sich als Kulturbanause ertappt fühlend, stotterte unsicher: »*Vielleicht dem Herzog Heinrich Jasomirgott.*« – »*Trottel*«, entgegnete Schneeberger, »*er sieht aus wie der rechte Läufer der Admira-Reserve.*«

Dr. Schneeberger hatte in jungen Jahren übrigens eine Frau geheiratet, die sich nicht für Fußball interessierte. In reiferem Alter, ätzte Torberg, wäre ihm das nicht passiert. Die Ehe der Schneebergers wurde bald geschieden.

Keinen Fußballverstand brachte auch mein Vater mit. Er war zwar kein Geschichtsprofessor, verstand aber von Geschichte deutlich mehr als vom Fußball (ganz im Gegensatz zu mir). Gänzlich konnte er sich der Fußballleidenschaft, der meine Freunde und ich frönten, aber doch nicht entziehen. So fragte er, als wir einmal vom Besuch eines Länderspiels nach Hause kamen: »*No, hat der Hannibal ein Tor geschossen?*« Immer wieder formte er, zerstreut wie er war, aus den Namen der beiden berühmten österreichischen Fußballer Hanappi und Stojaspal den Namen des zumindest ebenso berühmten Feldherrn Hannibal. Hätte es noch eines Beweises bedurft, dass sich mein Vater mehr für Geschichte als für Fußball (Proletensport!) interessierte – hier war er!

Trotzdem gab es auch Sonntagnachmittage, die Vater Effenberger dem Fußball opferte. Nicht nur das eine oder andere Mal, als ich ihn überredete, mit mir ein Spiel zu besuchen (was er ohne Murren tat), er hörte sich auch gerne die Radioübertragungen des unvergleichlichen Fußballreporters Heribert Meisel an. Nicht wegen des Matchs, sondern ausschließlich des originellen Kommentators wegen.

Das brachte meine Freunde und mich auf die Idee eines Scherzes, practical joke, würde man heute sagen. Nach langem Üben gelang es mir, Meisels Stimme in allen Schattierungen soweit nachzumachen, dass sie vom Original nur noch schwer zu unterscheiden war. Das Geräusch des Zuschauergebrülls erzeugten wir, indem wir dem Hals Gurgeltöne entlocktem, die dem Rauschen der 80.000 im Praterstadion täuschend ähnlich waren. Mit einem großformatigen Stuzzi-Tonbandgerät, es gehörte einem Fußballversuchten in unserer Bande, nahmen wir unsere Länderspiele auf, Meisel plus Publikum, und spielten sie über Lautsprecher ins elterliche Wohnzimmer.

Die Unternehmung gelang. Immer wenn mein Vater abends nach Hause kam, lief eine unserer verschiedenen Übertragungen, stets mit seinem Lieblingsreporter Heribert Meisel. Bis es Vater einmal zu bunt wurde. *»Ich verstehe ja die Fußballbegeisterung in diesem Land«*, knurrte er (es gab gerade die große Siegesserie unserer Nationalmannschaft unter Teamchef Karl Decker, Anm.), *»aber täglich ein Länderspiel geht zu weit. Und immer die Schmähs vom Meisel, das ist ja nicht mehr auszuhalten.«* Wir reduzierten die Übertragungen auf ein Spiel pro Woche, sonst wäre uns Vater noch auf die Schliche gekommen.

Eines hat sich im österreichischen Fußball seit den fünfziger und sechziger Jahren freilich nicht geändert: das Raunzen der begeisterungsfähigen, aber stets unzufriedenen Fans über die mangelhaften Leistungen der Nationalmannschaft. Sogar die erwähnte Siegesserie gegen alle großen Teams Europas konnte die Anhänger nicht nachhaltig zufriedenstellen: Die Ungarn seien schneller und spielerisch besser gewesen, gegen die Russen war's nur Glück, und die Spanier hätten uns unterschätzt. Und irgendwann war die Siegesserie der Österreicher ja dann tatsächlich zu Ende, das erst war die wahre Katastrophe.

Realistisch betrachtet zählten die österreichischen Ballesterer, wie man die Kicker damals in Wien zu nennen pflegte, in den fünfziger und sechziger Jahren zur Weltklasse, wenngleich man einräumen muss, dass Fußball im Vergleich zu heute nicht weltweit auf professionellem Niveau gespielt wurde. Das erkennt man an der Zahl der WM-Teilnehmer: Sie hat sich 2018 im Vergleich zu 1954 nahezu verfünffacht. Aber immerhin: Österreich gehörte damals zur Elite des internationalen Fußballs, die besten heimischen Spieler, übrigens fast ausnahmslos Wiener, verdienten das Prädikat Europaklasse. Auf die Spieler aus den österreichischen Bundesländern blickten die heimischen Stars ebenso verächtlich herab wie auf Fußballer aus Portugal, Griechenland, Albanien oder Mexiko – alles Bloßfüßige, wie die Stehplatzbesucher im Stadion höhnten. In der Qualifikation für die WM 1954 gewann Österreich gegen Portugal 9:1, und eine heimische Gazette titelte: »Knapp nicht zweistellig«. Was für ein Pech!

In deutlicher Distanz zu ernstzunehmender Professionalität mühten sich zur selben Zeit die Funktionäre des österreichischen Fußballbundes ab. Vor der WM 1954 in der Schweiz, immerhin zählte Österreich zum Kreis der Favoriten, entwickelten die Männer des Verbandes ein kühnes Bonussystem, das nach dem (keineswegs überraschenden) dritten WM-Rang des Nationalteams beinahe die Pleite des Verbandes herbeigeführt hätte, weil an die Spieler so hohe Prämien ausgezahlt werden mussten. Die Kalkulanten im ÖFB hatten sich entweder verrechnet – oder der Mannschaft den Erfolg einfach nicht zugetraut. Sogar der geplante Bau des Fußballhauses in der Wiener Mariahilferstraße musste daraufhin verschoben und ein Überbrückungskredit zur Finanzierung aufgenommen werden.

Da traf es sich gut, dass die erfolgreichen Trainer des WM-Teams, umworben vom Ausland, nach der Weltmeisterschaft ihre Verträge nicht mehr verlängerten. Als Nachfolger engagierten die plötzlich zu Sparefrohs gewordenen ÖFB-Granden einen Teamchef, der sich großzügig bereiterklärte, gratis zu arbeiten. So sollte das überzogene Budget saniert werden. Der Wiener Lederhändler Hans Kaulich, ehrenwerter Kommerzialrat und in der Funktionärsszene gut vernetzt, hatte allerdings, das war sein Handikap, seit Jahren kein Fußballspiel mehr gesehen. Am Montag vor dem ersten Länderspiel unter seiner Führung kaufte er sich in der Trafik alle verfügbaren Tageszeitungen und studierte die Spielerkritiken. Danach stellte er seine erste Nationalmannschaft für das Match gegen die Tschechoslowakei am 27. März 1955 in Brünn zusammen.

Als Kaulich beim ersten Teamtraining zum Torhüter Schmied »Grüß Gott, Herr Zeman« sagte (Zeman war der berühmtere der beiden österreichischen Teamtormänner) und in der Folge noch weitere Spieler verwechselte, kommentierte dies die Wiener Presse mit unverhohlener Häme. Die Teamspieler stellten sich dem Herrn Kommerzialrat spaßeshalber gleich selbst unter falschem Namen vor. Die Gaudi war perfekt.

Kaulichs erstes Länderspiel war übrigens auch schon sein letztes. Es ging 2:3 verloren, der billigste Teamchef aller Zeiten trat frustriert zurück. Nach dem gescheiterten Versuch mit dem Betreuer-Tandem Molzer/Argauer (deren Posse bei der Weltmeisterschaft in Schweden 1958 können Sie auf den Seiten 100 bis 102 nachlesen) holten die Funktionäre des Verbandes mit dem ehemaligen Nationalspieler Karl Decker endlich einen erfahrenen und professionell arbeitenden Kapitän ins Boot.

Decker genoss bei den Wiener Fußballanhängern große Popularität. Im ersten Länderspiel nach dem Krieg am 6. Dezember 1945 im zerbombten Wien hatte er drei Tore geschossen und damit wesentlich zum 4:1-Sieg gegen Frankreich beigetragen. Die Franzosen hatten sich nach den Kriegswirren herabgelassen, ihre Fußballnationalelf *»zur Stärkung des österreichischen Nationalbewusstseins«*, wie sie ihre Reise vor den übrigen Alliierten offiziell rechtfertigten, nach Wien zu schicken. Und vielleicht trug Karl Decker mit seinen drei Toren tatsächlich ein wenig zur langsam wieder aufkeimenden österreichischen Identität bei. 55.000 Zuschauer brüllten sich im restlos überfüllten, infolge von Bombenschäden noch stark beschädigten Praterstadion die Kehlen heiser. Später erklärte Decker in einem Gespräch mit dem Kulturwissenschaftler Roman Horak: *»Der Staatsvertrag war egal, wir Fußballer haben die Vorarbeit geleistet.«* Selbstbewusstsein hatte er, der Mann, der 14 Jahre für die Vienna spielte und zweimal Torschützenkönig in Österreich wurde.

Die Erfolge Deckers als Teamchef stellten sich schon bald ein, bis Ende 1961 gelang ihm mit dem Nationalteam jene Siegesserie gegen alle großen Fußballnationen Europas,

Einige seiner Spieler kannte er gar nicht, das Fußballnationalteam stellte er nach Zeitungskritiken auf. Der österreichische Bundestrainer Hans Kaulich war ein ehrenwerter Mann, er arbeitete ohne Gage. Nach nur einem Spiel trat er zurück.

die Österreich sensationell zur Nummer eins der Europa-Rangliste aufsteigen ließ. Leider hatten die Verbandsbosse, noch immer auf der Sparwelle reitend, offenbar auch damit nicht gerechnet – sie meldeten Österreich, während die Fußballer Sieg um Sieg einsammelten, gar nicht erst zur Weltmeisterschaft 1962 in Chile an. Flug und Hotel wären zu teuer gekommen, auch die Vereine der Staatsliga hatten sich, aus kleinlichen Termingründen, gegen die WM-Teilnahme ausgesprochen. Die Nummer eins von Europa nicht bei der WM – damit sorgte der österreichische Verband weltweit für Schlagzeilen, wenngleich für höhnische.

Aber auch dem WM-Veranstalter Chile war das Glück nicht hold. Zwei Jahre vor dem Start der Weltmeisterschaft erschütterte ein Erdbeben das Land, einen Monat vor Beginn der Endrunde verstarb Organisationschef Carlos Dittborn plötzlich an Herzversagen, und wenige Tage vor dem Eröffnungsspiel plünderte der WM-Pressechef die Bankkonten des Veranstalters und verschwand auf Nimmerwiedersehen. Diese pekuniäre Kapriole konnte die von Tragödien heimgesuchten chilenischen WM-Macher aber nicht mehr erschüttern. Es wurde eine gute WM, ohne Österreich, mit Brasilien als Weltmeister und der Tschechoslowakei als WM-Zweiten.

Die Seele der Zeitungsmacher
Mit unfreundlichen Grüßen

Der Umgangston, der in vielen Wiener Zeitungs-redaktionen herrscht, war niemals besonders fein, er äußert sich in häufigen Schreiduellen und intensiven Beleidigungen, die mitunter tief unter die Gürtellinie des jeweils Beschimpften zielen. Ein Verleger, dessen Namen ich nicht nennen möchte, weil er immer noch verlegt, gilt in der österreichischen Bundeshauptstadt als der Unfeinste aller Unfeinen. Als es einem aufrechten Redakteur nach jugendverbotenen Schimpfkanonaden seines Chefs in Richtung einer jungen Mitarbeiterin einmal zu bunt wurde, packte der Aufrechte den Verlagshäuptling, trug ihn zum offenen Fenster und zürnte ihm mit den Worten: *»Beim nächsten Mal liegst du unten.«*

Es gab kein nächstes Mal, der Aufrechte bekam am folgenden Tag das Kündigungsschreiben.

Auch der Medien-Tycoon Kurt Falk *(Herausgeber von »Kronenzeitung«, »Die ganze Woche« und »Täglich alles«)* gab sich abwechselnd hochgradig aggressiv und dann wieder unnahbar schüchtern im Umgang mit seinen Mitarbeitern. Er kommunizierte nahezu ausschließlich schriftlich. Wer lediglich Briefe schreibt, braucht seinem Gegenüber nicht in die Augen zu schauen. Also vermied Falk das persönliche Gespräch und verfasste zumeist nur Schriftliches. Auch an mich, denn ich war eine Zeit lang Mitarbeiter in seinem Haus.

Nach einem kurzen Blick auf Anrede und Unterschrift der Falk'schen Mitteilungen konnte ich die Stimmungslage des bizarren Zeitungsmachers sofort richtig einschätzen, noch bevor ich den Text gelesen hatte.

Kategorie überaus freundlich:
»Lieber Herr Effenberger!…Mit freundlichen Grüßen Kurt Falk.« Ein solches Schreiben gab es praktisch nicht.

Kategorie mittlere Freundlichkeit:
»Herr Effenberger!…Gruß KF.« Selten, aber doch.

Kategorie unfreundlich:
Keine Anrede, Unterschrift »KF«. Häufig.

Kategorie bösartig:
Keine Anrede. Unterschrift: »Ohne Gruß Kurt Falk.« Das war die zweithäufigste Variante.

Kategorie überaus bösartig:
Keine Anrede. Unterschrift: »Mit unfreundlichen Grüßen Kurt Falk.« Dritthäufigste Variante, leitete zumeist die Kündigung ein.

Wer freilich geringes Harmoniebedürfnis als Wesensart allein des Wienerischen auszumachen glaubt, irrt. Deshalb gestatten Sie mir einen Ausflug in die Zeitungsszene Deutschlands. Die folgende Geschichte hat zwar nichts mit Wien, aber offenbar einiges mit der seelischen Verfassung erfolgreicher Medienunternehmer zu tun.

Die Geschichte handelt von Henri Nannen, dem legendären Gründer und Herausgeber der Hamburger

Schönfärberei lag dem Medien-Zaren Kurt Falk fern. Seine Hausmitteilungen unterschrieb er manchmal barsch mit „Ohne Gruß, Kurt Falk."

Illustrierten »Stern«. Wer mit Henri Nannen zu tun hatte, dem wäre selbst der cholerische Wiener Zeitungsmacher Falk wie ein gütiger Weihnachtsmann erschienen.

Henri Nannen bombardierte wie Falk seine Partner ständig mit ätzenden Hausmitteilungen und warf gelegentlich im Zorn Gegenstände durch die Redaktionsräume. Er bediente sich aber auch subtilerer Formen der Hinrichtung. Als ein Jungredakteur dem Sonnenkönig Nannen sein Manuskript vorlegte, bescheinigte ihm dieser: »*Ihr Text hat eine sehr starke und eine eher schwache Seite.*« – »*Wie darf ich das verstehen, Herr Nannen?*« – Nannen: »*Der Text fängt eher schwach an und fällt dann sehr stark ab.*« Nannens Stellvertreter Victor Schuller saß im Zimmer gegenüber, ein Mann der Ruhe und Besonnenheit. Der ehemalige Stern-Redakteur Emanuel Eckhardt erinnerte sich: »*Die Leichenteile, die aus Nannens Büro fielen, hat Schuller wieder zu Menschen zusammengesetzt.*«

Ein Mann wie Victor Schuller fehlte Falk. Er hatte keinen Stellvertreter, er hatte nur sich selbst. Kurt Falk kehrte manchmal auch seine herzensgute Seite hervor. Als ihm eine Bürosekretärin erzählte, dass sie sich als alleinerziehende Mutter um ihr krankes Kind kümmern müsse, drückte ihr Falk ein Kuvert mit 5000 Schilling in die Hand: »*Kaufen Sie Ihrem Zwerg ein Tretauto!*«

Bald freilich wandelte sich die Seele des Zeitungsmachers wieder: Als Kurt Falk sah, wie eine ebenso arrogante wie zumeist inaktive Redakteurin seines Ganze Woche-Teams an einem Bleistift kaute, pfauchte sie der Milliardär vor versammelter Redaktionsmannschaft an: »*Wissen Sie nicht, dass der Bleistift meinem Verlag gehört? Sie fressen mein Vermögen auf.*« Nur knapp entging die Journalistin dem Rausschmiss, der dann ein paar Monate später folgte. Planmäßig.

In diesem Zusammenhang muss man erwähnen, dass

das Arbeiten in einer Redaktion in früheren Zeiten (und gelegentlich auch heute noch) keineswegs mit der herkömmlichen Tätigkeit in einer Firma zu vergleichen war. Als ich Ende der sechziger Jahre in die Lokalredaktion des Wiener »Express« kam, wunderte ich mich, dass auf jedem Schreibtisch stets eine (zumeist schon halb geleerte) Weinflasche stand, der berühmte Doppler, wie er in Wien heißt. Die Journalisten, immer entspannt und durchwegs in heiterer Stimmungslage, waren stundenlang in hochgeistige, manchmal auch in wesentlich tieferen Regionen angesiedelte Gespräche eingebunden. Sie führten sich eher wie die Stammgäste eines Vorstadtwirtshauses auf denn wie seriöse Mitarbeiter eines Unternehmens. Dass hier je ein Blatt entstehen würde, und immerhin handelte es sich beim »Express« um eine Tageszeitung, hielt ich als Zeitungsneuling für schier unmöglich. Erschienen sind wir dann aber doch immer.

Bereits Friedrich Torberg schrieb einst über das alte »Prager Tagblatt«, dessen Redaktion er zeitweilig angehörte: »*Dieses gewichtige, gediegene, hochangesehene und, kurzum, seriöse Presseerzeugnis kam Tag für Tag auf eine Weise zustande, die mit dem Begriff seriös so gut wie nichts zu tun hatte.*« Eine Anekdote, sie spielt während des ersten Weltkriegs und wurde uns Zeitungsmenschen von Generation zu Generation überliefert, hat den berühmten Chefredakteur des Tagblatts, Karl Tschuppik, zum Hauptdarsteller. Torberg verewigte den mittlerweile unsterblichen Tschuppik'schen Anekdotenschatz in seinem Buch »Die Tante Jolesch« für die Nachwelt.

Redaktionsbetrieb im »Prager Tagblatt«, der übliche Umtrunk, alles war wie sonst. Als die heftig trinkenden Redakteure gegen Mitternacht noch immer leidenschaftlich diskutierten, unterbrach sie, ziemlich forsch, Tschuppik: »*Jetzt ist aber Schluss, Kinder, ich muss noch etwas schreiben, lasst mich endlich arbeiten.*« Unverständnis bei den Anwesenden, was denn Tschuppik zu schreiben hätte. »*Einen Leitartikel, der Kaiser ist g'storben.*«

Das Hundefutter bitte!
Von Wiener Schnorrern und einem einsamen Gentleman

Ob die Wienerinnen und Wiener nun mehrheitlich geizig oder eher der Verschwendungssucht erlegen sind, ist statistisch nicht exakt festgeschrieben. Der Anekdotenschatz kündet von beiderlei Präferenzen, wobei die Spezies der Geizhälse in der Chronik deutlich überwiegt – das aber möglicherweise lediglich aus dramaturgischen Gründen.

Als der Legende nach knausrigster Wiener unter den heutigen Prominenten gilt zweifellos der ehemalige Automobilweltmeister Niki Lauda, er hat all seine Geizgenossen in Wien und Umgebung in Sachen Pfennigfuchserei gewissermaßen außen umrundet, so weiß es jedenfalls, in bildhafter Anspielung auf seinen früheren Job als Rennfahrer, die Mär. Ob dies damit zusammenhängt, dass Lauda selten Bargeld eingesteckt hat und deshalb gelegentlich von seinem Begleiter oder sogar von seiner Begleiterin eingeladen werden muss (was bei einem Mann wie Lauda ja sofort öffentlich wird), trifft den Punkt nur ungenau. Es geht eher um die Frage, ob Niki Lauda vielleicht gar mit voller Absicht ohne jedwedes Bargeld durchs Alltagsleben gleitet? Etwa nach dem Leitsatz: Wer kein Geld im Hosensack trägt, kann auch keines ausgeben.

Man muss aber dem erfolgreichen Rennfahrer und Flugunternehmer Lauda zugute halten, dass er im Großen stets ein kluger und in Summe erfolgreicher Investor war. Niki Lauda jonglierte einerseits mit Millionen (die er

„Wenn ihr nicht über mich schreibt, werden mir die Sponsoren auch nichts zahlen" – Jungrennfahrer Niki Lauda, mit dem Journalisten und Buchautor Günther Effenberger anno 1971 auf dem Salzburgring, war immer schon ein gewiefter Rechner.

manchmal gar nicht hatte) und ließ sich andererseits ohne mit den Ohren zu wackeln auf einen Kaffee einladen. Das war auch schon so, als er, noch als völlig unbekannter Motorsportler, an seiner Profirennfahrerkarriere tüftelte. Er nahm nicht nur einen Millionenkredit auf, um sich in die Formel 1 einzukaufen, er begriff auch, dass ohne Öffentlichkeitsarbeit bei den Sponsoren so gut wie nichts läuft. Ich war damals Motorsportreporter beim Wiener »Kurier«, Lauda bestellte mich ins Restaurant »Dubrovnik« am Heumarkt in Wien. Dort dozierte er, dass er mittelfristig in die Formel 1 möchte, er habe sich alles gründlich überlegt. Lauda: »*Dazu brauche ich Geld, das ich nicht habe und das mir auch meine Eltern nicht geben. Ich brauche Kredite und Sponsoren. Aber wenn ihr nichts über mich schreibt, wird mir niemand etwas zahlen.*«

Lauda bot ein Geschäft an: »*Ich werde für den ›Kurier‹ arbeiten, kostenlos natürlich. Nach jedem Rennen, das ich fahre, rufe ich euch an und gebe einen Bericht durch. Ihr habt die Geschichte exklusiv und ich steh in der Zeitung. Und meine Sponsoren werden mich bezahlen.*« Und dann beglich Niki Lauda im »Dubrovnik« seine und meine Rechnung, das ist später nicht mehr allzu oft vorgekommen. Aber der Deal funktionierte – der Jungrennfahrer arbeitete kostenlos für die Zeitung, pünktlich wie die Uhr läutete in der »Kurier«-Redaktion jeden Sonntag das Telefon, und Nikolaus Lauda gab seinen Rennbericht durch. Er war der billigste Mitarbeiter des Hauses.

Weniger bekannt ist, dass Udo Jürgens nicht nur zu den Allzeitgrößen im internationalen Showgeschäft gehörte, sondern auch ein gehöriges Maß an Ökonomie zu seinen Talenten zählte, und das sogar dann, wenn er Freunde und Journalisten zu einem Fest einlud. Eigentlich sollte einmal ein solches im noblen Restaurant *Sacher* in Wien stattfinden, allein die Verhandlungen mit der in monetären Angelegenheiten ebenfalls unnachgiebigen Sacher-Chefin Elisabeth Gürtler über mögliche Preisnachlässe beim Tafelspitz zerschlugen sich. Udo Jürgens verlegte den Abend kurzerhand in ein rustikaleres Lokal in der Sonnenfelsgasse, das den Tafelspitz wohl kaum saftiger, aber vergleichsweise deutlich billiger anbot. Und damit ja das Budget im Rahmen blieb, erteilte Udo den verdutzten Gästen vorsorglich die Order: *»Bis 18.000 Schilling könnt ihr essen und trinken. Wer dann noch etwas bestellt, muss es selber zahlen.«*

Als besonders sparsam galt auch der gefeierte Wiener Volksschauspieler Hans Moser. Gedemütigt von den armseligen Gagen, mit denen er sich in seinen jungen Jahren zufriedengeben musste, konnte sich Moser auch später, als er zu den Schwerverdienern der österreichischen Filmbranche zählte, nicht so recht am Geldausgeben erfreuen. Das lag vermutlich auch an seiner Ehefrau Bianca, die ihn beruflich förderte, Rollen auswählte, Verträge aushandelte – und seine Finanzen verwaltete. Sie gestand ihrem Mann allerdings nicht mehr als ein mittleres Taschengeld zu. Und der, herzensgut, aber schwach, ließ es sich gefallen.

Zwar erstanden die Mosers in der Auhofstraße in Wien-Hietzing eine teure Villa (in der sie hauptsächlich die Dienstbotenräume im Souterrain bewohnten, um die feudalen Zimmer des Hauses zu schonen) – seine längst verinnerlichte Sparsamkeit konnte Hans Moser aber nie ablegen.

Balancierte zwischen Verschwendungssucht und Groschenklauberei:
Schlagerstar und Multimillionär Udo Jürgens. Den Tafelspitz im berühmten
Sacher stornierte er, weil er zu viel kostete.

Vermutlich auch deshalb, weil er, gepiesackt von seiner Bianca, Angst hatte, wieder zu verarmen.

Moser spielte am Akademietheater den Weiring in Schnitzlers »Liebelei«, Inge Konradi seine Tochter Christine. Schauspielkollege Heinrich Schweiger, der vor der Liebelei-Aufführung im Einakter »Komtesse Mizzi« mitwirkte, sah sich hinter der Bühne die Schlussszene der »Liebelei« an. Christine (Konradi) stürzt hinaus, um sich nach enttäuschter Liebe das Leben zu nehmen, Weiring (Moser) ruft ihr nach: »Christine, Christine…sie kommt nicht wieder!« Schweiger schrieb in seinen Memoiren: »Moser spielte den Weiring so überzeugend, dass man aus dem Publikum Schluchzen hörte, die Leute holten die Taschentücher heraus. Ergriffenheit überall, keine Hand regte sich zum Applaus.«

Der Vorhang fiel. Hans Moser wandte sich hinter der Bühne, noch im Tonfall des gebrochenen Vaters Weiring, dem Direktionsmitglied Erhard Buschbeck zu, der als Inspizient Abenddienst im Theater hatte: »Herr Professor, ich möcht nur sagen, es sind noch vier von meinen Taxirechnungen offen.«

Heinrich Schweiger, der später am Burgtheater bis weit in die sechziger Jahre alle großen Rollen verkörperte (Othello, Richard III., Heinrich II., Don Carlos, Götz von Berlichingen und etliche andere), lernte übrigens schon als dreijähriger Stöpsel durch puren Zufall den damals schon berühmten Hans Moser kennen. Schweigers Mutter wohnte nämlich mit Klein-Heinrich und seiner älteren Schwester in der Auhofstraße, nur unweit der Moser-Villa. Als Bianca und Hans Moser für ihr Anwesen ein Hausmeisterehepaar suchten, das ständig bei ihnen wohnen sollte, meldete sich Mutter Schweiger auf eine diesbezügliche Zeitungs-Annonce und nahm die Kinder zum Vorstellungsgespräch mit.

Doch Hans Moser winkte ab. *»Nein, das geht nicht, immer der Lärm mit den Gschroppen.«*

Frau Schweiger bekam in der Folge zwar nicht den Job, aber wann immer später der Bühnenstar vor seinem Haus in ein Taxi stieg und die Schweiger-Kinder sah, drückte er ihnen ein paar Schillinge in die Hand, damit sie sich Schokolade oder ein Stanitzl-Eis kaufen konnten. Also gar so geizig war der berühmte Hans Moser wohl nicht.

Gar nicht berühmt, aber dafür um einiges geiziger war der Wiener Verleger Herbert M., der es durch geschicktes Wirtschaften zu einigermaßen ansprechendem Wohlstand gebracht hatte. M., mit dem ich gut ein Jahrzehnt zusammenarbeiten durfte, war in seinem Sparwillen dermaßen ausgeprägt, dass er, bezogen auf sein Einkommen, auch sich selbst nur das Nötigste gönnte. Seine Autos fuhr M., bis die Zierleisten abfielen, Hemden und Anzüge erstand er grundsätzlich nur im Ausverkauf.

In Anbetracht solch privater Selbstgeißelung wirkten seine kostendämpfenden Maßnahmen in der Firma durchaus glaubwürdig. Eines Tages unterbreitete M. seiner Sekretärin den Vorschlag, sie möge jene Briefe, deren Adressaten im Umfeld ihrer Wohnadresse zu Hause waren, gleich selbst zustellen, um Portokosten zu sparen. Bei einem Geschäftsessen orderte M., weil er nur die Preise ins Auge fasste und nicht das dazugehörige Speisenangebot, irrtümlich das Hundefutter. Die aufmerksame Kellnerin zeigte sich irritiert, da sie keinen Hund unter dem Tisch erblicken konnte: *»Mein Herr, das wollen Sie doch nicht wirklich selber essen?«* Die gute Frau konnte das Hundefutter-Menü für M. gerade noch abwenden.

Als unser Geizkragen von einem Geschäftspartner in das Haubenlokal Eschlböck in Plomberg bei Mondsee eingeladen wurde, bestellte er Kalbsbries, war mit der servierten Speise, sie war eine der teuersten auf der Karte, aber nicht zufrieden. Er ließ den Ober kommen und sagte: »*Entschuldigen Sie bitte, aber das Kalbfleisch ist zu fett.*«

Die Geschichte vom sparsamen Verleger Herbert M. habe ich bereits im Buch »*Tante Jolesch fährt Auto*« erzählt. Ein gemeinsamer Bekannter, der den Jolesch-Band gelesen hatte, erkannte am Namenskürzel, um wen es sich bei dem beschriebenen Geschäftsmann offensichtlich handelte. Als er später M. zufällig in einem Restaurant traf, hänselte er ihn: »*Na, hast du gelesen, was der Effenberger über dich geschrieben hat?*« M. verneinte leicht verärgert, das Buch habe er natürlich nicht gelesen: »*Der Effenberger ist nämlich ein richtiger Geizhals, der hat mir nicht ein einziges Exemplar geschenkt.*«

Von gänzlich anderer Wesensart als M. zeugte einst der legendäre Rittmeister Willy Elmayer, Gründer und Besitzer der gleichnamigen Tanzschule in der Wiener Bräunerstraße. Zu ihm schickten die Wiener der sogenannten besseren Gesellschaft ihre Söhne und Töchter. Beim Elmayer, einem Markenzeichen der distinguierten Wiener Szene, wurde den jungen Leuten aber nicht nur traditioneller Tanz beigebracht, es wurde dort auch gutes Benehmen gelehrt – in kompromissloser Strenge, ohne Wenn und Aber. Rittmeister Willy Elmayer hatte damals das Kultbuch »*Gutes Benehmen wieder gefragt*« herausgebracht, einen österreichischen Knigge, der sich über Jahrzehnte wie von selbst verkaufte.

Nun kam es, dass eines Tages das österreichische Fernsehen für die Eurovision einen speziell wienerischen Beitrag gestalten sollte. Den Programmplanern fiel zunächst wenig Brauchbares ein, ehe der damalige Fernsehreporter Teddy Podgorski eine Idee hatte. *»Warum übertragen wir nicht die ersten Schritte von einem Wiener Walzer aus der Tanzschule Elmayer?«* Es musste live gesendet werden, denn die Möglichkeit einer Aufzeichnung gab es damals noch nicht. Dem Oberspielleiter des Fernsehens, Erich Neuberg, fiel ein Stein vom Herzen – ein Wiener Walzer beim Elmayer, das war *die* Idee. Blieb nur die Frage: Wird Rittmeister Elmayer einer Fernsehübertragung aus seiner Tanzschule überhaupt zustimmen? Nach einem längeren Gespräch mit Fernsehdirektor Gerhard Freund willigte Elmayer ein.

Am Aufnahmetag rollte ein Geschwader von Sendewagen, beladen mit schwerem Gerät, Richtung Bräunerstraße. Dort wurden die mächtigen Live-Kameras, riesige Stative, unzählige Scheinwerfer und Kabel-Laufrollen abgeladen und in die Studios geschoben. Podgorski erinnert sich: *»Als wir am Drehort eintrafen, bot sich uns ein Bild des Schreckens. Im hochpolierten Parkett waren tiefe Narben sichtbar, hervorgerufen durch die Stativ-Beine der Kameras. Der große Spiegel an der Wand hatte einen diagonalen Sprung. Die Vorhänge waren teilweise zerrissen. Dann fiel noch von Zeit zu Zeit das Licht aus, weil durch unsere Geräte das Stromnetz des Hauses überlastet war.«*

Regungslos, mit steinernem Gesicht, stand Rittmeister Elmayer inmitten des Chaos. Als er Podgorski und den Regisseur Neuberg kommen sah, sagte er nur: *»Ich glaube, wir sollten jetzt das Finanzielle besprechen.«* In langsam aufkeimender Panik rief Podgorski den Fernsehdirektor Freund aus einer Telefonzelle an und informierte ihn über das Desaster: »*Herr Direktor, der Elmayer will das Finanzielle besprechen.*« – »*Also passen S' auf*«, sagte Freund, »*es war zwar nichts ausgemacht, aber verhandeln S' mit ihm. Mehr als 30.000 Schilling zahlen wir nicht, sonst müssten wir aussteigen.*« Ein Ausstieg so knapp vor Beginn einer Eurovisions-Übertragung – für den noch jungen österreichischen Fernsehsender wäre das eine beispiellose, europaweite Blamage gewesen.

Als Podgorski mit Neuberg vom Telefonieren zurückkam, bat Elmayer die beiden in sein Büro. Der Zustand der Räumlichkeiten hatte sich inzwischen weiter verschlechtert. Gerade fiel der schwere Kristallluster unter ohrenbetäubendem Getöse von der Decke. Dort hätte ein Mikrofon befestigt werden sollen. Elmayer sagte: »*Also, meine Herren, was haben Sie sich vorgestellt?*« Podgorski taktierte vorsichtig: »*Vielleicht nennen uns der Herr Rittmeister eine Summe?*« – »*Unsinn*«, antwortete Elmayer, »*ich habe in diesem Geschäft keine Erfahrung. Sie sind die Fachleute.*« Währenddessen begannen die Aufräumungsarbeiten am heruntergefallenen Luster. Jetzt wurde der Rittmeister unruhig, er sprang von seinem Sessel auf und fasste seine Worte in Befehlstöne: »*Schluss mit der Debatte! Ist es in Ordnung, wenn ich jedem der Herren 500 Schilling gebe?*«

Kabarett ist überall

Sagen S', ham Sie ka Frau?
Humor in Wien und anderswo

Dass es in Wien mehr (und vermutlich auch bessere) Kabarettisten gibt als in den meisten anderen Städten der Welt, hängt vielleicht damit zusammen, dass die Wiener auch jenseits der Bühne oft dem inneren Drang nachgeben, Kabarett aufzuführen. Sie müssen es eigentlich gar nicht aufführen: Sie sind Kabarett.

Ein prominenter Wiener Gynäkologe, Primarius, Professor und Klinikvorstand, versuchte mich einst aufzuheitern, als ich mich auf die bevorstehende Geburt meines Kindes vorbereitete (Väter haben es ja bekanntlich schwerer als die Mütter, diese müssen lediglich entbinden, aber was sollen die Väter tun, außer nervös zu sein?) – der Professor jedenfalls sagte zu mir: »*Schaun S' halt, dass des Bauxerl bei der Mutter bleibt, da kann's die Kinderschwester net verwechseln.*« – Ich stammelte nur, und das Entsetzen streifte mich: »*Wie meinen Sie das, Herr Professor?*« – »*Na, alle Neugeborenen schaun aus wie der Kreisky, da kann schon eine Verwechslung passieren.*« Und als das Bauxerl entbunden war, kam der Arzt, klopfte mir (und nicht der Mutter) auf die Schulter und meinte: »*Na, jetzt ist er da, Ihr Kreisky!*«

Jahre später. Als Strohwitwer und jemand, der beim Einkaufen von Nahrungsmitteln noch unbegabter ist als beim Skifahren (meine Frau Eva samt Kreisky und zwei Enkel-Kreiskys glitten irgendwo im Westen Österreichs über die Piste), suchte ich kurz vor Ladenschluss einen Supermarkt in Wien-Penzing auf, um Brot zu kaufen. Die

Regale waren leer, lediglich der Torso eines Brotlaibs, vorne und hinten angeschnitten, lag auf der Budel, die Verkäuferin war gerade dabei, aufzuräumen.

Ich (eine dumme Frage eigentlich): »*Haben Sie außer dem Stück Brot da noch einen andern, nämlich einen ganzen Wecken?*«

Die Verkäuferin: »*Sehn S' an?*«

Ich: »*Na gut, dann nehm ich den hier. Wie lang hält er denn?*«

Die Verkäuferin: »*Also bei mir hält das Brot eine Woche.*«

Ich: »*Aber weil der halberte Wecken hier nicht eingeschweißt ist – hält der auch so lang?*«

Die Verkäuferin: »*Ins Eis miassen S' ihn scho geben.*«

Ich: »*Ins Eis? Wird er da nicht hart?*«

Die Verkäuferin: »*Wenn Sie ihn nachher aufbacken im Herd, is des Brot super. Und die Scheiben, die Sie essen wollen, schneiden S' vorher ab.*«

Ich: »*Wie?*«

Die Verkäuferin: »*Die geben S' in den Eiskasten.*«

Ich: »*Und den Laib auch?*«

Die Verkäuferin: »*Sagen S', haben Sie ka Frau?*«

Ich: »*O ja, aber die ist nicht da.*«

Die Verkäuferin: »*Oje – abpascht?*«

Ich: »*Nein, sie ist auf Urlaub.*«

Die Verkäuferin: »*Hat s' an Habschi?*«

Mir gelang es, die Konversation mit einem freundlichen Ausstieg gerade noch zu beenden, bevor intime Details zur Sprache gekommen wären. Ich nahm den Brot-Torso und legte ihn zu Hause in den Eiskasten. Am nächsten Tag war er so hart, dass ich ihn nicht schneiden konnte. Die Prozedur mit dem Aufbacken war mir zu kompliziert, ich ging ins Gasthaus. Der Kellner Hans nahm meine Bestellung auf, ein kleines Gulasch, schaute mich ernst an und sagte: »*Na, Sie trauen sich was!*« Ich disponierte um und bestellte ein Wiener Schnitzel. Der Hans, mit der Bestellung, die er auf einem Zettel notiert hatte, schon auf dem Weg in die Küche, machte plötzlich kehrt und kam wieder zu meinem Tisch. Er fragte: »*Kennen S' eigentlich unsern Koch?*« Ich, verunsichert: »*Sie können also auch das Schnitzel nicht empfehlen?*« Darauf der Kellner Hans: »*Na warten S', Sie wern scho sehn, wie's schmeckt.*«

Man stelle sich vor, einem deutschen Gast würden Speisen auf diese Weise schmackhaft gemacht werden. Das Schnitzel war übrigens ausgezeichnet, das Gulasch wäre es wohl auch gewesen. Der Schmäh freilich ist in den Adern der Wiener genetisch verankert. TV-Liebling Heinz Marecek sagte, er liebe Wien (auch) der Wirte wegen. Als zu einem mit ihm befreundeten Gastronomen einmal ein Ehepaar ins Lokal kam und um einen »*ruhigen Tisch*« bat, erhielt es vom Wirt die Antwort: »*Die Tische sind bei uns alle ruhig, nur die Leut' machen so einen Lärm.*« Deutsche Touristen, so hört man, lieben diese Art des Wiener Humors – verstehen dürften sie ihn vermutlich nur ansatzweise. Oder gar nicht.

Ein bedeutender deutscher Verleger hatte eine illustre Runde in seine Villa eingeladen, darunter den Wiener Schauspieler Otto Schenk und seine Ehefrau Renée. Schenk wurde immer gern eingeladen, weil er die Leute so gut unterhalten konnte. An dem Tag aber war er grantig, deshalb hatte er den damaligen ORF-Generalintendanten Teddy Podgorski mitgebracht, ebenfalls einen begnadeten Humoristen – sozusagen als Zweitbesetzung in Sachen Gästeunterhaltung.

Und so begann die Zweitbesetzung Podgorski auf Zuruf Otto Schenks folgende Geschichte zu erzählen:

Es war vor etlichen Jahren, im Garten vor dem Haus der Schenks am Irrsee im Salzkammergut. Teddy Podgorski saß entspannt auf einer Bank, als über die Wiese der Dirigent Carlos Kleiber, er galt als besonders schwierig im Umgang mit Menschen, auf ihn zukam. Kleiber hatte am Vortag seine Saunaschlapfen vergessen, jetzt kam er, sie zu holen. Podgorski sagte höflich »Guten Tag«, aber Kleiber ging grußlos an ihm vorbei. Schenks Frau Renée wollte Kleiber mit Podgorski bekanntmachen, schließlich sei dieser doch der mächtige ORF-Chef, wie sie dem Dirigenten ins Ohr flüsterte. Was diesen aber noch mehr verstörte. Bis Renée Schenk es doch schaffte, dass Kleiber auf der Bank neben Podgorski Platz nahm. Die Konversation zwischen den beiden gestaltete sich einsilbig. Bis sie draufkamen, dass sie doch eine Gemeinsamkeit verbindet: Beide arbeiteten nur ungern. Kleiber zu Podgorski: »Aber Sie sind trotzdem so ein Bonze geworden – Generalintendant des Fernsehens!« – Podgorski zu Kleiber: »Und Sie Generalmusikdirektor in München, ist ja auch nicht ohne.« Kleiber: »Aber nur, weil ich meinen Parkplatz in der Münchener Innenstadt nicht verlieren wollte.«

Kleiber taute langsam auf und fragte Podgorski, ob er musikalisch sei. »Können Sie das Lied vom Hustinetten-Bären singen?« Darauf Podgorski: »Glaub schon, aber nur, wenn Sie dirigieren.« Podgorski sang, Kleiber gab den Takt. Die beiden wuchsen langsam zusammen, am Ende umarmte der Dirigent den ORF-Boss.

Zurück in Wien, traf Podgorski zufällig die Opern-Diva Edita Gruberova. Sie vertraute ihm an, dass sie demnächst in New York »La Traviata« singen würde, aber ein mulmiges Gefühl habe – nicht wegen der Traviata, sondern weil der als schwierig geltende Carlos Kleiber dirigieren würde. Gruberova: »*Und ich kenne ihn noch nicht.*« Podgorski: »*Wenn du den Kleiber auf der ersten Probe siehst, sag ihm einen schönen Gruß von mir und nur ein Wort: Hustinetten-Bär.*« – »*Was ist denn das wieder für ein Schwachsinn?*«, erwiderte Gruberova. »*Du wirst sehen, das ist ein Zauberwort*«, sagte Podgorksi.

Edita Gruberova schrieb groß »Hustinetten-Bär« in ihren Notizblock und dampfte ab nach New York.

Vierzehn Tage später las Podgorski in einer Wiener Zeitung: »*Edita Gruberova nach einem Streit mit der Met-Direktion abgereist.*« Oje – war da was mit dem Hustinetten-Bären schiefgelaufen? Zwei Tage später schrieb die Zeitung: »*Carlos Kleiber aus Solidarität mit Edita Gruberova ebenfalls aus New York abgereist.*«

Der Hustinetten-Bär hatte offenbar doch gewirkt.

Soweit die Geschichte, die Podgorski bei der Verlegerparty zum Besten gegeben hatte. Die Stimmung in der leicht gespreizten Gesellschaft heiterte sich merklich auf. Nur der Gastgeber, der namhafte deutsche Medienmann, nahm Podgorski zur Seite und fragte mit ernster Miene: »*Was meinen Sie, hatte dieser Kleiber eigentlich Humor?*«

Wenn wir schon bei den Dirigenten sind, noch eine kleine wienerisch-berlinerische Branchen-Anekdote als Nachschlag: Der berühmte Wilhelm Furtwängler war bei allen Musikern gefürchtet. Er zog mit dem Taktstock oft mehr als fünfzehn Kreise, ehe er endlich den Einsatz gab. Niemand wusste, wie der Einsatz zustande kam – aber plötzlich war er da.

Als ein Wiener und ein Berliner Philharmoniker zusammentrafen, fragte der Wiener den Berliner: »Sag einmal, Kollege, wann setzts ihr beim Furtwängler eigentlich ein?« Der Berliner Philharmoniker erklärte es dem Wiener Philharmoniker ganz genau: »*Weeste, wir warten so lange, bis Furtwänglers Taktstock mit dem Pultrand nen rechten Winkel bildet – und zack: Jetzt setzen wir ein. Und wie is det bei euch?*« Darauf der Wiener Philharmoniker: »*Wir fangen an, wanns uns z'blöd wird.*«

Ein Wiener Kronenzeitung-Journalist reiste in den dreißiger Jahren dienstlich nach New York, wo er auf dem Broadway zufällig dem prominenten Fußballer Béla Guttmann begegnete, der mehrere Jahrzehnte später Benfica Lissabon zum zweifachen Europapokaltriumph führte und kurzzeitig auch Trainer der österreichischen Nationalmannschaft war. Die beiden plauderten über Fußball, und worüber halt zwei Wiener reden, wenn sie einander in New York treffen (der gebürtige Ungar Guttmann war ein Weltbürger mit Verankerung in Wien, wo er 1981 starb).

Plötzlich näherte sich eine zwielichtige Frau dem Journalisten und flüsterte ihm ins Ohr: »*Get me five dollars, but quickly!*« Guttmann empfahl dem Krone-Mann, ihr das Geld zu geben. »*Sonst schreit sie, die Polizei wird kommen, und sie wird behaupten, du hättest sie unsittlich berührt.*« – »*Aber Béla, ich hab sie doch gar nicht berührt*«, verteidigte sich der Journalist. Egal, er zahlte auf Anraten Guttmanns, um Scherereien zu vermeiden. Wieder in Wien, setzte der Reporter, völlig korrekt, die erzwungene Ausgabe auf seine Spesenabrechnung. Auf der stand dann: *Eine Broadway-Dame, nicht berührt, fünf Dollar.*

Diese Anekdote ist in meinem Buch »*Tante Jolesch fährt Auto. Lachen über Zeitungssachen*« erschienen. Aus Anlass der Buch-Promotion hatte ich in der Folge des Öfteren das Vergnügen, an der Seite des Kammerschauspielers Franz Robert Wagner, eines fabelhaften Komödianten mit jahrzehntelanger Erfahrung als Ensemblemitglied des Theaters in der Josefstadt und der Wiener Kammerspiele, szenische Lesungen zu bestreiten. Bei der Pointe »... *eine Broadway-Dame, nicht berührt, fünf Dollar*« hatten wir die Lacher stets sicher. Anlässlich einer Aufführung vor achtzig deutschen Managerinnen und Managern aber kam ein Mann aus Hamburg nach der Vorstellung zu mir, bedankte sich freundlich für den unterhaltsamen Abend und fragte höflich: »*Der Sketch hat so abrupt geendet. Mich hätte interessiert, was der Finanzdirektor der Kronenzeitung zu der Spesenabrechnung gesagt hat? Hat er sie akzeptiert? Und ob das Finanzamt so etwas überhaupt anerkennt?*«

Soweit der Unterschied zwischen Humorverständnis in Wien und anderswo (später erfuhr ich, dass der wissbegierige Zuhörer aus der Hansestadt das Rechnungswesen seiner Firma leitete, er ist somit in Sachen Witzeverstehen entschuldigt).

Obgleich ich die wienerische Spielart des Humors gerade als umwerfend genial bezeichnet habe – wir dürfen das angeborene Komödiantentum der Ungarn ja nicht außer Acht lassen. Und wenn sich dann wie beim Filmemacher Géza von Cziffra wienerischer Schmäh mit bissig-sarkastischem Budapester Zynismus paarte, blieben die Lachmuskeln der zufällig Anwesenden im Dauereinsatz. Wenngleich zumeist auf Kosten der auf die Schaufel Genommenen.

Cziffra, geboren zu Zeiten der österreichisch-ungarischen Monarchie in Arad im heutigen Rumänien, nach dem ersten Weltkrieg als Schriftsteller und Reporter in Budapest und später in Berlin als Drehbuchautor tätig, machte sich in den fünfziger und sechziger Jahren als Regisseur in Österreich und Deutschland einen Namen und förderte entscheidend die Karriere Peter Alexanders, indem er den späteren Superstar des Entertainments in dreizehn Filmen mit Hauptrollen bedachte, oft an der Seite des Komikers Gunther Philipp.

Als Peter Alexander erfuhr, dass der für seine bösartigen Witze gefürchtete Géza von Cziffra im Revuefilm »Musikparade« Regie führen und er, Alexander, als Darsteller fungieren würde, bekam der noch unroutinierte Jungschauspieler *»einen richtigen Bammel, denn Cziffra besaß in Schauspielerkreisen einen Ruf wie Donnerhall«*, wie Peter Alexander der Zeitschrift »Frau im Spiegel« anvertraute. Er fragte deshalb seinen Filmkollegen Rudolf Platte, der ihm zufällig über den Weg lief: *»Sag, ist der Cziffra wirklich so arg, wie alle sagen?«* Die Antwort Plattes beruhigte ihn wenig: *»Darüber möchte ich gar nichts sagen. Ich bin nämlich mit dem Géza befreundet.«* – *»Na, bumm, das kann was werden«*, dachte Alexander, und ihm zitterten die Hände.

Es kam dann aber alles ganz anders, denn Cziffra erkannte Peter Alexanders universelles Talent. Der konnte singen, tanzen, spielen, parodieren, und Cziffra entwickelte für den Wiener alsbald ehrliche Wertschätzung, auch weil sich Peter Alexander binnen kürzester Zeit zum Publikumsliebling und Kassenmagneten entwickelte. Aber es wäre nicht Cziffra gewesen, hätte er den Erfolgslauf nicht doch mit einer kleinen Portion Zynismus gewürzt: *»Das Geheimnis beim Schauspieler Peter Alexander ist, dass er überhaupt kein Schauspieler ist. Peter hat sich immer nur selbst gespielt, er hat keine Rolle im herkömmlichen Sinn verkörpert, er war auch vor der Kamera immer der nette Mensch, der er auch im Leben* *ist.*« Dies war offenbar das Erfolgsgeheimnis des Peter Alexander in den Anfangsjahren. Und wohl auch später, als er bei seinen Shows alle großen Hallen in Deutschland und Österreich füllte.

Cziffra war kein Perfektionist, er wollte seine Filme schnell zu Ende gebracht haben, denn Zeit bedeutete auch damals Geld. Peter Alexander war da schon viel penibler. Als er eine Aufnahme wiederholt haben wollte, weil er mit seiner Leistung nicht zufrieden war, willigte Cziffra, unwillig zwar, nach längerem Zögern aber doch ein. *»Eines jedoch sag ich Ihnen, Herr Aläxander: Spielen S' die Szene nicht zu gut, sonst passt sie nicht zu den anderen Szenen, die Sie schon gespielt haben.«*

Solche Scherzchen waren freilich harmlos im Vergleich dazu, wie Cziffra mit einem Produzenten namens Herbert Gruber Späße trieb. Produzenten sind ja bei Schauspielern und Regisseuren zumeist deshalb unbeliebt, weil sie aufs Geld schauen, Kosten senken und gelegentlich auch Gagen kürzen müssen.

Géza von Cziffra saß während einer Studioaufnahme im Atelier in Wien-Sievering auf seinem Regiesessel und gab Anweisungen, als plötzlich eine schwere Kiste von der Beleuchterbrücke kippte und unmittelbar neben Cziffra auf den Boden krachte. Der Beleuchter auf der Brücke war unachtsam gewesen und an die Kiste angestoßen. Nicht auszudenken, hätte sie den Regisseur getroffen. Als Produzent Gruber von dem Malheur erfuhr, eilte er ins Studio und fragte Cziffra besorgt: *»Um Gottes Willen, ist Ihnen was passiert?«* – *»Nein, nein«*, beruhigte ihn Cziffra, *»Sie sehen ja, ich lebe noch.«* Darauf Gruber: *»Na, hat sich der Mann von der*

Beleuchterbrücke wenigstens bei Ihnen entschuldigt?« Cziffras Antwort kam wie der Blitz: *»Ja, natürlich! Er hat gesagt, dass er nicht gewusst habe, dass ich es bin, der da sitzt. Er hat geglaubt, es sind Sie.«*

Alle im Studio lachten. Nur Herbert Gruber lachte nicht.

1962 drehte Géza von Cziffra mit Peter Alexander und der berühmten Marika Rökk eine Operettenverfilmung der »Fledermaus«. Rökk, die das tänzerische Talent Alexanders sofort erkannte und dem Jungspund schon damals eine große Karriere als Showstar voraussagte, konnte allerdings mit der Konversation, die Peter privat mit ihr pflegte, eher wenig anfangen. *»In der Früh hat er über Würmer, über Blinker und Ähnliches geredet, und am Abend vor dem Schlafengehen war ihm nur wichtig, ob die Fische am nächsten Tag beißen würden.«* Der Tanzkünstlerin Marika Rökk war nicht bekannt gewesen, dass Peter Alexanders größte Leidenschaft dem Angeln galt. Er tanzte zwar großartig, wirklich interessiert hatten ihn damals allerdings nur Würmer und Fische.

Géza von Cziffra stand aber nicht nur hinter der großen Karriere Peter Alexanders, er war, wenngleich auf skurrile Weise, auch der Entdecker des Filmschauspielers Karlheinz Böhm, dem später als Darsteller des jungen Kaiser Franz Joseph in den Sissi-Filmen der Durchbruch gelingen sollte. Und das kam so: Karlheinz Böhm, Sohn des weltberühmten Dirigenten Karl Böhm, wurde von etlichen Größen der Branche protegiert, damit er den Einstieg ins Filmgeschäft leichter schaffe. Also wurde er Géza von Cziffra als Regieassistent zugeteilt, erwies sich jedoch, obwohl blutjunger Anfänger, als vorwitziger Frechling, der alles

Petri Heil! Peter Alexander, der erfolgreichste Showstar Österreichs, gab sich im Umgang mit Frauen zurückhaltend. Seine Leidenschaft war das Fischen.

besser wusste und alle Schauspieler auf dem Set für grottenschlecht hielt. Cziffra glaubte Rat zu wissen: Er gab Böhm eine kleine Rolle, damit dem arroganten Frechdachs bald klar würde, dass die Schauspielerei doch nicht ganz so einfach sei. Cziffra hoffte insgeheim, dass Karlheinz gleich die erste Aufnahme verpatzen würde, und freute sich schon darauf, den jungen Besserwisser zurechtstutzen zu können. Doch Karlheinz Böhm überraschte den gestrengen Regisseur: Er spielte die Szene ausnehmend gut. In seinen Memoiren schrieb Géza von Cziffra: »*Daraufhin wurde der junge Mann noch frecher, worauf ich ihn hinausschmiss und ihm riet, Schauspieler zu werden.*«

Karlheinz Böhm rächte sich an Cziffra. Er wurde tatsächlich Schauspieler. Ein erfolgreicher noch dazu.

Zu den beliebtesten Ausformungen wienerischen Humors zählen die so benannten »practical jokes«, und der Großmeister dieser im Alltagsgeschehen inszenierten Scherze war der illustre Kabarettist, Satiriker und Schauspieler Helmut Qualtinger. Seine Späße sind in Dutzenden Büchern festgehalten, im Wien der fünfziger und sechziger Jahre kannte sie beinahe jedes Kind.

Weniger bekannt dürfte sein, dass Qualtinger einmal selbst Opfer seiner eigenen Schelmenstreiche wurde, wodurch dem Künstler möglicherweise ein lukratives Filmangebot entging. Was ich vorausschicken muss: Qualtinger gab sich, wenn ihm gerade langweilig war, des Öfteren als Agent großer Filmfirmen aus, rief mit verstellter Stimme Schauspielkollegen an und gaukelte ihnen vor, sie engagieren zu wollen. Viele eitle Mimen wähnten sich bereits als künftige Hollywood-Stars, ehe der Schwindel aufflog. Als dann in der Folge ein Filmmanager Helmut Qualtinger anrief, um ihm tatsächlich eine Rolle anzubieten, glaubte der Künstler an einen Racheakt der zuvor Genarrten und wimmelte den Agenten, der ebenso hartnäckig wie erfolglos seine Identität nachzuweisen versuchte, vehement ab – und verabschiedete ihn schließlich mit dem Götz-Zitat.

Im Gegenzug gelang es Qualtinger, für eine bekannte Wiener Schauspielerin in wechselnden Sprechrollen einen Vertrag mit dem österreichischen Fernsehen per Telefon auszuhandeln. Dabei hatten die beiden Verhandlungspartner, die Schauspielerin und der TV-Intendant, bis dahin kein einziges Wort miteinander geredet, sie kannten einander persönlich gar nicht.

Aktuell gilt der gebürtige Mödlinger Alex Kristan als bester Stimmenimitator im deutschsprachigen Raum. Die Bandbreite seiner akustisch dargestellten Figuren reicht von Niki Lauda über Hans Krankl, Heinz Prüller, Joachim Löw und Frank Stronach bis zu Herbert Grönemeyer und Franz Beckenbauer. Vor allem der Kristan-Lauda ist stimmlich vom echten Lauda nicht einmal in Nuancen zu unterscheiden – solcherart ließ Kristan den falschen Lauda prompt einen dermaßen gravierenden Blödsinn im Radio sagen, dass ein Leser in der Redaktion einer bekannten Wiener Sportzeitung anrief und um Laudas Telefonnummer bat. »*Diesem vertrottelten Lauda muss ich einmal meine Meinung sagen, so einen Schwachsinn kann ja nur ein Grenzdebiler von sich geben, das Hirn des Lauda ist wohl schon aufgeweicht.*« Der Sportredakteur hatte für den Leser natürlich keine Nummer vom Lauda parat und meinte zum aufgebrachten Beschwerdeführer: »*Beruhigen Sie sich, das ist ja*

nicht der Lauda, sondern nur der Stimmenimitator Kristan.«
Der Anrufer schimpfte noch mehr: *»Das glauben S' wohl selber nicht. Sie haben ja an noch größeren Huscher als der Lauda.«*

Bevor Alex Kristan als professioneller Stimmenimitator sein Publikum in Österreich und Deutschland amüsierte, war er als Sachbearbeiter in einer Wiener Autofirma tätig. Und dort brachte er gelegentlich seine Bürokolleginnen zur Verzweiflung. Dazu muss man wissen, dass der Chef der Autofirma, ein Herr St., immer sehr spät ins Büro kam, frühestens um elf. Deshalb bürgerte es sich ein, dass auch das Büropersonal, von der Sekretärin bis zur Telefonistin, erst um halb elf auf seinem Arbeitsplatz zu finden war. Nur Alex Kristan, der unendlich Fleißige, war immer schon um acht Uhr da. Und wenn die Bürodamen entspannt den Hausflur betraten, parodierte Kristan seinen Chef so laut, dass es durch die Gänge hallte. Wie die aufgescheuchten Hühner hopsten die Bürodamen zu ihren Schreibtischen – um Gottes Willen, der Chef ist heute schon so früh im Haus! Aber wo ist er? Sein Schreibtisch verwaist, kein Chef da.
So begann die erfolgreiche Laufbahn des Alex Kristan als Stimmenimitator.

Wien, nachgeklungen

Eines sollte man verinnerlicht haben, will man Wien und die Wiener verstehen und auch jene Episoden, die in diesem Buch, oft mit Augenzwinkern, abgehandelt wurden: Schimpfen auf Wien dürfen nur die Wiener, sogar hochoffiziell. Und es gehört auf allen Ebenen zum Repertoire wienerischer Lebenseinstellung, nicht für, sondern zunächst einmal gegen etwas zu sein.

»Fliehen will ich dieses Land der Erbärmlichkeit«, schrieb Franz Grillparzer. Und wurde zum Staatsdichter hochgeadelt, samt Denkmal in Wien. Und wohl absichtlich missverstanden in seiner Kritik an Österreich und als Lobspender umgedeutet, wenn er kundtat: *»Hast du vom Kahlenberg das Land dir rings besehen, so wirst du, was ich schrieb und was ich bin, verstehen.«* Ein Hauch von Ironie schwang da bei Grillparzer sicherlich mit. Und dass Wien von der Kuppe des Kahlenberges aus einen besonders reizvollen Anblick bietet, ist ohnedies ein historischer Irrtum. Den Schulklassen, die dort oben posieren (müssen), liegen zwar die Donau und etliche Weindörfer zu Füßen – doch der Stephansdom, in größerer Entfernung befindlich, ist, wenn überhaupt, lediglich mit dem Fernglas auszumachen. Aber was soll's: Ein Schild mit Grillparzers Aphorismus prangt an der Fassade des Restaurants auf dem Kahlenberg, missgedeutet als Werbesujet für den Fremdenverkehr.

Dass Karl Kraus schrieb, er habe sich ein Leben lang geschämt, Österreicher zu sein, dass Helmut Qualtinger in seinem *Herrn Karl* die Österreicher und im Besonderen die Wiener als anrüchig, charakterlos und opportunistisch dargestellt hat, Thomas Bernhard feststellte, dass in jedem Österreicher ein Massenmörder stecke – es änderte nichts daran, dass Karl Kraus auf einer österreichischen Briefmarke verewigt wurde, Bernhard am Burgtheater gespielt wird und Qualtinger den Nestroy-Ring der Stadt Wien erhielt. Hans Weigel hat es auf einen Nenner gebracht: *»In Österreich sind die Klassiker Staatsfeinde gewesen. Und die Staatsfeinde wurden mit der Zeit Klassiker.«* Nachsatz: Österreich sei von Gegnern Österreichs weniger umgeben als bewohnt.

Und erst innerhalb der Landesgrenzen Österreichs: Besonders die Tiroler, und nur leicht abgeschwächt die Niederösterreicher, die Steirer und die Kärntner, die Burgenländer und die Salzburger, die Vorarlberger und die Oberösterreicher – sie alle mögen Wien nicht. *»Aber das ist gar nichts angesichts der Heftigkeit, mit der die Wiener gegen Wien sind«*, meinte Weigel. Hermann Bahr formulierte es anders: *»Der Wiener hasst den Wiener, aber er kann ohne den Wiener nicht leben.«* Doch ist der Wiener nur ein paar hundert Kilometer weg von Österreich im benachbarten Ausland, kriegt er Heimweh und ärgert sich, dass er nicht schimpfen kann über sein Wien, das er so sehr vermisst.

Der Wiener wählt nicht die Partei seiner Überzeugung, sondern das kleinere Übel. Und wird etwa ein tüchtiger Beamter zum Sektionschef befördert, wird dessen Avancement lapidar mit der Frage beantwortet: *»Wissen S' denn einen Besseren?«* Und fragt man einen Wiener Fußballfreund, wie denn das Ländermatch ausgehen würde, entfährt ihm sofort die düstere Prognose: *»Die Unsern wern verlieren.«* Das tun sie zwar oft, aber durchaus nicht immer.

Nichts Neues wird in Wien bejaht. Jedes neue Gebäude, auch das schrieb schon Hans Weigel, ist ein Schandfleck. In Wien ist ein Gebäude so lange ein Schandfleck, bis es unter Denkmalschutz gestellt wird wie etwa das Hochhaus in der Herrengasse. Oder abgerissen wird wie das alte Haas-Haus am Stephansplatz und durch einen anderen Schandfleck, eben das neue Haas-Haus am Stephansplatz, ersetzt wird. Sogar die Staatsoper, Prunkstück der Ringstraße, galt dereinst in Wiener Kreisen – in Anspielung auf die 1866 erlittene militärische Niederlage – als architektonisches Königgrätz. Nicht einmal Kaiser Franz Joseph, der sonst so Besonnene, sparte mit Kritik. Architekt Eduard van der Nüll, durch eine für damalige Begriffe beispiellose Pressekampagne entnervt, erhängte sich noch vor der Eröffnung 1869, sein Partner August Sicard von Sicardsburg verstarb wenige Wochen nach van der Nülls Selbstmord an einem Herzinfarkt. Auch die Bauten der Architekten Otto Wagner und Adolf Loos wurden anfangs als hässlich abgetan, ehe sie in die Annalen unvergänglicher Baukunst eingingen. Klimt und Schiele wurden geächtet, Sigmund Freuds Thesen stießen in der Wiener Ärzteschaft auf Ablehnung.

»Zu wos brauchen mir des«, ist ein geflügelt Wort diesseits und jenseits der Donau. Erst die Bewunderung durch andere, insbesondere ausländische Touristen, unterdrückt bei den Wienern das Gefühl der Minderwertigkeit und lässt das Selbstbewusstsein steigen. Das dann irgendwann sogar in Arroganz ausartet. Vor allem, wenn ein Nichthiesiger Kritik an den hiesigen Zuständen übt. »Der soll daham bleiben«, weist ihn dann der Wiener geistig sofort aus dem Land. Nochmals Hans Weigel: »Es gibt ein untrügliches Zeichen, um hierzulande die Integration eines Ankömmlings festzustellen. Sobald er zu schimpfen anfängt, ist er ein Einheimischer geworden.« Ich möchte ergänzen: Und es die Wiener dulden, dass er schimpft. Dann ist er endgültig einer von uns.

Aber wer und was ist eigentlich ein Wiener? Auch viele der Großen waren Gastarbeiter. Prinz Eugen kam aus Savoyen, Beethoven aus Bonn, Brahms aus Hamburg, das Burgtheater holte nicht erst seit Peymann und Voss Verstärkung aus deutschen Landen, bedeutende Ärzte wie Theodor Billroth, Schriftsteller wie Friedrich Hebbel, Milo Dor oder György Sebestyén – alles keine gebürtigen Wiener. Sogar der Fürst Metternich kam nicht aus Wien, sondern aus Koblenz.

Der humorig-schwarze Liedtext Georg Kreislers »*Wie schön wäre Wien ohne Wiener?*« lässt viele Deutungen zu. In einer Zeile liegt Kreisler allerdings vermutlich falsch, wenn er dichtete: »*...in Grinzing wär' Ruh'. Und das Burgtheater wär' zu.*« Bei Grinzing weiß man's nicht so genau, aber wie die Geschichte gezeigt hat: Das Burgtheater, Wiener Juwel zwar, aber doch immer wieder geprägt von deutschen Direktoren, Schauspielern und Regisseuren, würde wohl auch ohne Wiener weiterbestehen, wenn auch, phonetisch zart abgewandelt, eben als *Burchtheater*.

Der Philosoph fängt erst dort an, wo der Mensch aufhört, sich und das Leben ernst zu nehmen.

Egon Friedell

Wiener Adressen mit Vergangenheit

BURGTHEATER
Wien 1, Universitätsring 2
Werner Krauß meinte einmal, ein Schauspieler könne drei Fehler machen. Erstens: ans Burgtheater gehen. Zweitens: das Burgtheater verlassen. Und drittens: wieder ans Burgtheater zurückkehren.
Seite 29f, 93f

WIENER STAATSOPER
Wien 1, Opernring 2
Am 5. November 1955 wurde die Staatsoper nach ihrer Zerstörung im letzten Kriegsjahr 1945 feierlich wiedereröffnet. Gespielt wurde „Fidelio", dirigiert von Karl Böhm.
Seite 95f, 102ff

CAFÉ CENTRAL
Wien 1, Herrengasse 14
Eröffnung 1876. Anton Kuh, einer der jungen Intellektuellen in den zwanziger Jahren, stichelte, dass nach Eröffnung des Café Herrenhof nach dem Ersten Weltkrieg nur die Mumien im Central verblieben. Heute ist das Kaffeehaus eine Touristenattraktion.
Seite 72, 73 (Foto), 76ff

CAFÉ HERRENHOF
Wien 1, Herrengasse 10
In einem Hinterzimmer spielten die Reichen einst Bridge, und so mancher von ihnen teilte seinen Gewinn mit den Schnorrern im Kaffeehaus. 1961 wurde das alte „Herrenhof" geschlossen, nach einigen vergeblichen Wiederbelebungsversuchen befindet sich dort jetzt ein Steigenberger-Hotel.
Seite 69ff

WOHNUNG EGON FRIEDELL
Wien 18, Gentzgasse 7
„Treten Sie zur Seite", rief Egon Friedell den Passanten zu, bevor er sich aus seiner Wohnung aus dem 3. Stock stürzte. Zwei SA-Männer standen vor der Tür und wollten ihn aufsuchen.
Seite 48

WOHNUNG ROBERT MUSIL
Wien 3, Rasumofskygasse 20
Ab 1921 lebte hier Robert Musil mit seiner Frau Martha. Seine Werke wurden 1938 verboten, danach emigrierte der Schriftsteller in die Schweiz.
Seite 62

WOHNUNG ELIAS CANETTI
Wien 13, Hagenberggasse 47
Elias Canetti befürchtete Schlimmes, als er die Schreie vom nahegelegenen Rapid-Platz hörte, ehe er begriff, dass es sich um Gefühlswallungen des leidenschaftlichen Fußballpublikums handelte. Sie inspirierten ihn zu seinem Werk „Masse und Macht".
Seite 107

WOHNUNG WERNER KRAUSS
Wien 9, Porzellangasse 33a
Weil vorbeifahrende Autos den Schlaf des berühmten Schauspielers Werner Krauß störten, ließ Wiens Polizeipräsident Josef Holaubek kurzerhand den Verkehr in die benachbarten Gassen umleiten. Während einer Aufführung im Burgtheater im Oktober 1958 erlitt Krauß einen Schlaganfall. Fast genau ein Jahr danach starb er in seiner Wohnung.
Seite 89f

HANS MOSER-VILLA
Wien 13, Auhofstraße 76-78
Um die feudalen Räumlichkeiten zu
schonen, wohnte das Ehepaar Moser im
Souterrain seiner schönen Villa in Hiet-
zing. Heute ist die Botschaft von Aserbai-
dschan in dem Haus untergebracht.
Seite 126

JOSEFINENHÜTTE
Wien 19, Josefsdorf 47
1935 wurde die Josefinenhütte zwischen
Kahlenberg und Leopoldsberg errichtet.
Ungefähr zur selben Zeit wurde mit dem
Bau der Wiener Höhenstraße begonnen.
Seite 94f

HOTEL SACHER
Wien 1, Philharmonikerstraße 4
Nicht nur für die Gäste des noblen Ho-
tels, auch für Naschkatzen unterwegs ein
kleiner Luxus: die legendäre Sachertorte
– nach einem Geheimrezept des Hauses
Sacher.
Seite 126

RESTAURANT KAHLENBERG
Wien 19, Am Kahlenberg 2-3
Ausblick auf Wien – aber nicht der Ste-
phansdom dominiert das Bild der Groß-
stadt, es sind Weindörfer und die Donau.
Grillparzers Aphorismus auf der Tafel am
Restaurant wurde oft missverstanden.
Seite 147

GUTRUF
Wien 1, Milchgasse 1
Stammgäste waren hier u. a. Helmut
Qualtinger, Friedensreich Hundertwasser,
Fritz Wotruba, Helmut Zilk, H. C. Art-
mann und der legendäre Wiener Polizei-
präsident Josef Holaubek.
Seite 85ff

TANZSCHULE ELMAYER
Wien 1, Bräunerstraße 13
„Gutes Benehmen wieder gefragt", so
lautete der Titel des österreichischen
„Knigge", verfasst von Tanzschulbesitzer
Rittmeister Willy Elmayer im Jahr 1957,
ein Bestseller über viele Jahre.
Seite 130f

HAUS STALLBURGGASSE 2
Wien 1, Stallburggasse 2/Ecke Bräunerstraße
Bundeskanzler Engelbert Dollfuß wohn-
te ebenso wie die Operndiva Maria Jerit-
za und der Schriftsteller Alfred Polgar in
diesem prachtvollen Eckhaus in der
Wiener Innenstadt.
Seite 59 (Foto), 65

CAFÉ EILES
Wien 8, Josefstädter Straße 2
An der intelligenten Aufmerksamkeit
eines Oberkellners im Café Eiles scheiterte der Legende nach der Nazi-Putsch
in Wien vom Juli 1934, der zur Ermor-
dung des Bundeskanzlers Dollfuß führte,
sein politisches Ziel aber dennoch ver-
fehlte.
Seite 74f, 75 (Foto)

WOHNUNG DODERER
Wien 9, Währinger Straße 50
In einem etwas heruntergekommenen
Haus in der Wiener Währingerstraße
wohnte der Weltliterat Heimito von
Doderer bis an sein Lebensende im Jahr
1966. Es liegt nur wenige hundert Meter
von der Strudelhofstiege entfernt, die
seinem ersten großen literarischen Erfolg
den Namen gab.
Seite 51 (Foto), 53

Namensregister

Quellenverzeichnis

Friedrich Torberg/*Die Tante Jolesch oder der Untergang des Abendlandes in Anekdoten*, 1975, Langen Müller

Fiedrich Torberg/*Die Erben der Tante Jolesch*, 1978, Langen Müller

Milan Dubrovic/*Veruntreute Geschichte*, 1985, Zsolnay

Teddy Podgorski/*Geschichten aus dem Hinterhalt*, 2010, Haymon

Géza von Cziffra/*Der Kuh im Kaffeehaus*, 1981, Herbig

Géza von Cziffra/*Kauf dir einen bunten Luftballon*, 1975, Herbig

Heinrich Schweiger, Ursula Schweiger-Stenzel/*Bilder eines Schauspielers*, 1995, Edition Tusch

Günther Effenberger/*Tante Jolesch fährt Auto*, 2012, gefco

Günther Effenberger/*Ich kauf mir eine Mami im Menschengeschäft*, 2013, gefco

Georg Markus/*Die Enkel der Tante Jolesch*, 2001, Amalthea

Georg Markus/*Adressen mit Geschichte*, 2005, Amalthea

Elias Canetti/*Die Fackel im Ohr*, 1980, Hanser

Alfred Prokesch/*Neunmal Österreich*, 1969 und 1976, Piper

Gert Voss/*Ich bin kein Papagei*, 2011, Styria

Susi Nicoletti/*Nicht alles war Theater*, 1997, List

Joseph Gregor/*Meister deutscher Schauspielkunst*, 1939, Schünemann

Werner J. Schweiger, Hans Weigel/*Das Wiener Kaffeehaus*, 1978

Egon Friedell, Herbert Illig (Hsgb.)/*Abschaffung des Genies (Essays bis 1918)*, 1982, Löcker

Walter R. Fuchs/*Knaurs Buch der modernen Physik*, 1965, Droemer-Knaur

Peter Linden, Karl H. Schwind/*Triumphe, Tränen, Schmähs – Highlights des österreichischen Fußballs*, 2004, axel jentzsch/Linde

Karl Löbl/*Der Balkonlöwe*, 2013, Seifert

Gunther Baumann/*Hinter den Schlagzeilen – Zeit, Zeitung, Zeitgeschehen*, 2004, axel jentzsch/Linde

Friedrich Becker (Hsgb.)/*Fußballweltmeisterschaft 1958*, Copress

Hermann Stöger (Hsgb.)/*So stand's im KURIER*, 1979, Kurier

Heinz Zuber/*Soll ich sagen?*, 2016, Amalthea

Leo Krell, Leonhard Fiedler/*Deutsche Literaturgeschichte*, 1961, C. C. Buchners Verlag

Kurt-Jürgen Heering (Hsgb.)/*Das Wiener Kaffeehaus*, 1993, Insel

Hans Weigel/*Österreich – die neunstimmige Symphonie*, 1978, Reich

Claudio Honsal/*Peter Alexander – Das Leben ist wunderbar*, 2006, Amalthea

Brigitte Erbacher (Hsgb.)/*Qualtingers beste Satiren*, 1973, Langen Müller

Heinz Marecek/*Ich komme aus dem Lachen nicht heraus*, 2011, Amalthea

Fotoquellen